スミから
スミまで！

# 絵で知る歌舞伎の玉手箱

絵と文
辻和子

東京新聞

【口上】

# すべてに芝居心がある

本書を手に取ってくださり、まことにありがとうございます。江戸の昔より四百年続き、いつの時代も庶民の娯楽であった歌舞伎は、よく「総合芸術」と評されております。役者さんの演技を中心に、大道具小道具、音楽、衣裳、すべての要素がまるでオーケストラのように響き合い、目と耳と感情に訴えかけて来るという意味でございましょう。

たとえば、何ということもない下駄。これひとつとっても、身分や状況によって、素材や形が異なる膨大な種類を使い分けております。また同じ人物であっても、場面によってふさわしいものに変えるなど「たかが下駄」とはあなどれません。

すべてがこの調子でありまして、客席からは見えない刀のツバのような小さな部分に、演じる役者さんにちなんだ模様が入っていたり、舞台に飾られる桜の花びらの色も、演目の種類によって微妙に違ったりいたします。これらの製作は専門の職人さんの手によるものです。

波音を表す太鼓の効果音は、その打ち方で大波や小波、穏やかな春の海なのか、荒々しい孤島の海なのかを教えてくれます。衣裳の着方や素材は、その人物の身分やキャラクター、今の状況も雄弁に語り、文様はそれ自体が、日本のデザインのデータベースであります。

季節感も舞台の情緒を盛り上げる名脇役です。日本の四季は、歌舞伎にどんなにか影響を与えたことでしょう。そして今に伝えられる行事、忘れ去られた習慣、はるか昔の伝説、大スターへの憧れ、名優たちの工夫、その時代の流行や斬新な試みなどが、地層のように厚く重なり合って、歌舞伎の舞台は成り立っております。

そしてそれらを輝かせる最大のキモが「芝居心」。役者さんの演技のみならず、花びらの降り方、小道具の文様、雨風を表現する効果音、背景に描かれた波にいたるまで、すべてに芝居心が宿っています。桜の花の色ひとつ、刀の鞘の模様ひとつにも、その状況や人物に最もふさわしいものがあるわけです。

本書ではこの豊かな世界のほんの一端ではございますが、皆様にご案内出来ればと存じます。どうかお茶、お菓子など召し上がりつつ、お好きなページからゆるゆるとご見物のほど、すみからすみまで乞い願い上げたてまつりまする。

目次


口上 すべてに芝居心がある…2

## 第一幕 歌舞伎彩時記

吉野川の「雛流し」『妹背山婦女庭訓』…12
季節外れの雪に散る『井伊大老』…14
春先の寒さも味わいが『雪暮夜入谷畦道』…16
大人のなごり雪『雪暮夜入谷畦道』…18
「寺入り」の小太郎『菅原伝授手習鑑』…20
「賀の祝」の兄弟ゲンカ『菅原伝授手習鑑』…22
白昼夢のようなやりとり「弁天娘女男白浪」…24
春らんまんの詞章『京鹿子娘道成寺』…26
春に酔う下駄タップ『高坏』…28
降る花びらの芝居心『番町皿屋敷』…30
色の世界に出家する『六歌仙容彩』…32
「野崎参り」の風習生かす『女殺油地獄』…34
「羽織落とし」の恋心『与話情浮名横櫛』…36
弥生狂言の慣習『鏡山旧錦絵』…38
春に見物する確執『鏡山旧錦絵』…40
長屋の腰元 秘めた恋『浮世柄比翼稲妻』…42
水辺の町にあで姿『梅ごよみ』…44


夏


与三郎 初夏の再会『与話情浮名横櫛』…46
川風の効果音『梅雨小袖昔八丈』…48

目には青葉…の季節感『梅雨小袖昔八丈』…50
舞踊の中の山王祭「お祭り」…52
木の芽どきの抗争劇『極付幡随長兵衛』…54
夕立が演出の濡れ場『網模様燈籠菊桐』…56
鉄火肌のいい女『夏祭浪花鑑』…58
大坂の祭り ねっとりと『夏祭浪花鑑』…60
男の幽霊 ユニークなキャラ『巷談宵宮雨』…62
下町の夏「井戸替え」『権三と助十』…64
「四谷怪談」の見せ場『東海道四谷怪談』…66

けだるい初秋 かさねと与右衛門『色彩間苅豆』…68
本心隠す秋の闇『摂州合邦辻』…70
「魚屋宗五郎」と秋祭り『新皿屋舗月雨暈』…72
八幡宮の大祭前に…『名月八幡祭』…74
「引窓」と中秋の名月『双蝶々曲輪日記』…76
秋の森に去る 狐の倫理観『蘆屋道満大内鑑』…78
錦秋の蜘蛛の精「蜘蛛の拍子舞」…80
色づく峠で殺人劇『蔦紅葉宇都谷峠』…82
月夜に舞う酒好きの妖精「猩々」…84
抱腹絶倒 鰯売りの戦物語『鰯売戀曳網』…86

南座の顔見世…88
寒空の追分節『沓掛時次郎』…90
「すす竹売り」大高源吾『松浦の太鼓』…92
寒空の下の優美さ『廓文章』…94
「藪入り」の楽しみ『寿曽我対面』…96
初春の吉原で「羽根の禿」…98
心浮き立つ新年の餅つき「団子売」…100
火事と喧嘩は江戸の花『盲長屋梅加賀鳶』…102
「封印切」と戎小判『恋飛脚大和往来』…104

雪にはえる人形ぶり　『松竹梅雪曙』…106
貧苦にふるえる元士族　『水天宮利生深川』…108
「四千両」のおでん　『四千両小判梅葉』…110
【コラム】
粋な男の定番アイテム　豆絞りの手ぬぐい…112

第二幕
# お江戸歌舞伎バーチャル見物記

毎日がお祭りの芝居町…114
お江戸の名優選りすぐり…122
【コラム】
宙乗りの歴史　江戸時代からの仕掛け…130

第三幕
# 舞台をいろどる植物図鑑

役者絵が語るブーム
お江戸は世界有数の園芸都市だった！…132

◆桜…134
「金閣寺」の桜…136
◆松…138
◆梅…139
〈賀の祝〉三つ子のネーミング…140
◆紅葉…142
◆銀杏…144
◆牡丹…145
牡丹は獅子のマストアイテム…146

◆ひょうたん　◆藤…148
◆菊…149
『鬼一法眼三略巻』の〈菊畑〉…150
◆露芝　◆菜の花…152
◆杜若　◆柳…153
◆秋草　◆薮…154
◆竹・笹　◆どんぐり…155
「髪結新三」と万年青…156
【コラム】
生え際の発明　かつらで作る富士山…158

## 第四幕 雄弁に語る小道具図鑑

小道具の材料
近年、入手困難な物も…160
◆きせる…162
きせるの種類…164
◆たばこ入れ…166
◆たばこ盆…167
◆傘…168
◆笠…170
「忠臣蔵」の雨具…172
◆扇…174
『勧進帳』弁慶の小道具…176

◆うちわ…178
◆駕籠…179
◆食べ物…180
祝祭劇『寿曽我対面』の小道具…182
◆屏風とついたて…184
◆鏡…185
蚊帳は怪談と好相性…186

◆履き物…188
下駄のリアリティー…190
◆照明具…192
◆火…194
◆生き物…196
差し金の活躍…198
◆刀…200
◆身体…202
血糊の効果…204
◆紙と文具…206
書き物の宝庫「忠臣蔵」…208
あとがき 「何となく」はひとつもない…210
参考文献一覧…212

本書に掲載されている各演目の進行や演出、道具の種類などは、台本や演者によって違いが生じることがあります。

また、本書内では演目を『本外題』「通称」〈場〉などのようにカッコの種類で表記分けしております。

第

幕

# 歌舞伎彩時記

春

# 吉野川の「雛流し」

## 悲しく美しい嫁入り

雛人形の源流は災厄を人形に託して流す流し雛。古来、水辺と雛祭りには、浅からぬ関係があるようです。

たとえば『妹背山婦女庭訓』・〈吉野川〉の場。吉野川をはさむ二つの家の子・久我之助と雛鳥は相愛の仲。両家の親は、暴君・蘇我入鹿に、子供を家来に差し出せと強要されます。雛鳥は入鹿の側室になることを拒み、若い二人はそれぞれ死を選びます。

親たちは入鹿の手前、表向きは反目しつつ、相手の子供だけは助けようとひそかに苦慮。雛鳥は母親に、久我之助を救うため入鹿の宮中への輿入れするようさとされます。

「雛の姿もうらめしい」と、飾られた十二単姿（宮中の衣装）の女雛を、袖で打つ雛鳥。もげた人形の首を見た母は、雛鳥の首を打って入鹿に差し出す覚悟と娘に本心を告げます。喜んで死んでいく雛鳥。久我之助も同時に切腹します。

満開の桜を背景に、青々と流れる川。雛鳥の首は、次々に流される雛道具のひとつに乗せられ、久我之助の家に嫁入りを果たしました。久我之助の父は、悲しみをこらえながら雛道具と雛鳥の首を、長い弓で引き寄せます。悲劇とはうらはらに、流麗な義太夫の詞章と琴の伴奏も心にしみるよう。世にも悲しく美しい「雛流し」と呼ばれる名場面です。

ここにも注目

大道具の「滝車」という仕掛け。水の文様を描いた円筒を横に重ね、回して急流を表現します。 幕開きと幕切れ、「雛流し」の場面以外は静止しているのは、クライマックスで役者の演技を妨げない工夫。下座音楽のドンドンドン……という、一定の間隔で打つ太鼓の音も、川の絶え間ない流れを表現。ドドン！という海の波音の打ち方とは違う響きです。

華麗な哀しさ度

大道具の活躍度

# 季節外れの雪に散る

## 人間味あふれる『井伊大老』

井伊直弼（なおすけ）が桜田門外の変で暗殺されたのが安政七（一八六〇）年旧暦三月三日。駕籠に乗った直弼を囲む彦根藩の行列を、水戸藩の脱藩者と薩摩藩士が襲った事件で、当日は季節外れの雪模様だったといいます。強権的イメージの直弼を、人間味たっぷりに描いたのが『井伊大老』。

幕末の動乱期、強い信念を抱きながらも、心にむなしさを抱え、自ら断行した安政の大獄のやり過ぎを悔いたり、娘の死に涙する直弼の姿が新鮮です。

重責を担う直弼が、ただ一人、心を許せるのが愛する側室・お静の方。暗殺前夜、雪を眺めながら二人で酒を飲む場面が印象的。

直弼に忍び寄る死の予感のなか、楽しかった思い出を懐かしく語り合います。亡き娘をしのぶ雛（ひな）飾りを前に「雪を眺めながら彦根の酒を飲むと、埋木舎（うもれぎのや）に帰ったようじゃ……ああ帰ってみたいなあ」と直弼。

埋木舎は、井伊家の部屋住みだった直弼が、三十二歳までお静と過ごした彦根の家。一生日陰者と諦観した直弼の命名ですが、兄の死により藩主となり、後に大老になるとは誰が想像したでしょう。ちなみに最高官職の大老は常設ではなく、江戸時代を通じ就任したのは直弼を含め約十人のみ。直弼が死ねば後を追うと言うお静。寄り添う二人。詩情あふれる台詞（せりふ）劇です。

ここにも注目

戦後に書かれた新作歌舞伎で、幕末に開国を決断した井伊直弼の個人的心情を描いた作品。井伊直弼が桜田門外の変で暗殺される前夜が舞台。明日の運命を知らない二人がくみかわす白酒が、別れの水杯になっています。 雛飾りが出てくる作品は〈吉野川〉などがありますが、いずれもその華やかさとは裏腹に、哀しい運命とセットになっていることが多いのです。(12P)

しみじみ度

歴史考証度

# 春先の寒さも味わいが

## そばの食べ方にも生活感

そばの食べ方にも芸談が。『雪暮夜入谷畦道（ゆきのゆうべいりやのあぜみち）』は、おたずね者の御家人くずれ・片岡直次郎が、養生中のなじみの吉原遊女・三千歳（みちとせ）に会いに行く物語。雪の夕暮れのなか、わびしい畦道を歩き、場末のそば屋でそばを食べるのが、ひとつの見せ場になっています。

舞台は現在の入谷付近で、江戸情緒の結晶のような作品。しかし作者の河竹（かわたけ）黙阿弥（もくあみ）（当時は新七）が本作を書いたのは明治になってからで、枯淡の域に達した「大江戸挽歌（ばんか）」です。初演の五代目尾上菊五郎は、そばの食べ方も工夫。先客でやって来た捕り手役には、わざとモソモソとそばを噛（か）むように指示し、後で登場する直次郎のスルスルと粋な食べっぷりを引き立てました。

「世話物」というジャンルの作品で、江戸庶民の写実的な生活感がキモ。年配のそば屋夫婦のやりとりや、かつお節をかくなど何げない演技にも風情があります。燗（かん）酒を飲もうとした直次郎が、ちょこに浮くゴミに気づき、ヒョイとはしでのけたり、三千歳に手紙を書こうと乾いた筆の穂先をなめると先が抜け、仕方なく楊枝（ようじ）で書くなど、細かい芝居運びにこなれた味わいが。常に追手を気にして周囲をはばかり、さりげなく手ぬぐいで顔を隠すなど、声を出さず用心する姿にも、ワケあり感がにじみ出ます。

ちょこの酒に浮かんだゴミをはしの先ですくう直次郎

細かい演技も見どころ

| ここにも注目 | 江戸情緒度 |
|---|---|
| そば屋に入って来た直次郎が、冷えきった身体を温めるため、小さな火鉢にまたがる「股火鉢」の様子や、直次郎と顔見知りのあんまの丈賀が、店を出てから言う台詞「良いそば屋はいくらもあるが、どこの家も盛りが悪く（中略）盛りのいいのはここにかぎる」など、随所に世話物の生活感がにじみ出ています。（181P） |  |
| | 食欲刺激度 |
| |  |

春

# 大人のなごり雪

## 江戸情緒たっぷりと

江戸をバーチャル体験できる芝居――それが『雪暮夜入谷畦道』。いぶし銀のような大江戸情緒がたっぷりです。

雪の夕暮れ、おたずね者の片岡直次郎が、恋人の吉原遊女・三千歳にひと目会うため、彼女が療養している入谷の寮にやって来ます。三千歳は行方の知れなくなった直次郎を案じて、やつれてしまっています。二人のデート場面の伴奏曲は、隣の家で清元のおさらいをしているという設定。

「冴え返る春の寒さに降る雨も　暮れていつしか雪となり　上野の鐘の音も凍る　細き流れの幾曲がり　末は田川へ入谷村」という詞章の「冴え返る」は早春の季語。暖かさが続いた後、冬に逆戻りするように寒さがぶり返し、大地が凍て返るという意味で、現在なら二月後半頃。また、当時の入谷は、にぎやかな吉原に隣接しながら、朝顔や蓮の栽培もされていたという田園地帯でした。

初演は明治十四（一八八一）年で、薩長政府による欧化政策が本格化した年。歌舞伎も影響をまぬがれませんでした。作者の黙阿弥は、同年十一月に一時的に引退を表明。いわば本作は、遠ざかる江戸へ捧げられたオマージュ。淡々と洒脱で冴えた名作です。

**ここにも注目**

直次郎も演じた戦前の名優・六代目尾上菊五郎の女房役者・三代目尾上菊次郎が、三千歳を演じた時、寒い夜ふけに直次郎を待っていた感じを出すため、水を張った金だらいに手をひたしてから舞台に出たという芸談があります。直次郎が愛しく思わずにはいられない工夫で、女形の心得として有名です。

ラブラブ度

大人の情緒度

春

# 「寺入り」の小太郎

## 身代わりの悲劇

江戸時代、子供に読み書きを教える寺子屋に新入生が入学するのは、二月の初午(はつうま)の日。現代の暦なら三月頃です。

『菅原伝授手習鑑(すがわらでんじゅてならいかがみ)』・〈寺子屋〉の場は「寺入り」といって、キーパーソンの子供・小太郎の入学場面がつくことがあります。

寺子屋の先生・武部源蔵は、政敵・藤原時平(しへい)の讒訴(ざんそ)(帝への告げ口)で左遷された菅丞相(かんしょうじょう)(菅原道真)の弟子。菅丞相の子・秀才(しゅうさい)をかくまっている寺子屋に母に連れられて寺入りする小太郎は、実は菅丞相に心を寄せる松王丸夫妻の子。時平が首を打てと命じた秀才の身代わりにするつもりです。

源蔵の妻・戸浪(となみ)は、育ちの良さそうな小太郎を見て「良いお子でござります」と、身代わりの可能性を考えます。小太郎の母・千代は、これが今生の別れと、わが子をわざとつき放します。〈寺子屋〉の終盤で、小太郎の身代わりを嘆く千代の台詞(せりふ)「叱(しか)った時のその悲しさ」は、この時のことを指しています。

寺子屋で元気に「いろはにほへと」を書く子供たち。〈寺子屋〉の幕切れで行われる小太郎の野辺送りでは、詞章にいろはを盛り込んだ哀切な「いろは送り」という浄瑠璃が演奏されるのが印象的です。

## 〈寺子屋〉寺入りの場面

母に連れられて
入学する小太郎
この場面が
つくと
後半の
悲劇が
際立つ

**ここにも注目**

「寺入り」は、名作と呼ばれる寺子屋の上演で、カットされることの多い場ですが、この場がつくと後の悲劇が引き立ちます。源蔵の留守中に自習している子供たちは子役ですが、「涎（よだれ）くり」と言われる、一人だけ年かさの子供は大人の役者が演じ、悲劇性の高い劇中の滑稽なアクセントとなっています。

悲劇度

伏線の緊張度

春

# 「賀の祝」の兄弟ゲンカ

## 悲劇前にした春の嵐

哀しい出来事を前にした春の嵐――。それが『菅原伝授手習鑑』・〈賀の祝〉の場の兄弟ゲンカです。

七十の祝いを迎えた白太夫には梅王丸、松王丸、桜丸という三つ子の兄弟がいます。梅王と桜丸は一家に恩義のある菅丞相（菅原道真）に仕え、松王だけが菅丞相の政敵藤原時平に仕えています。松王は本心では丞相の味方ですが、他の兄弟はそれを知りません。祝いの当日、親の家に同時にやって来た梅王と松王は、今までの遺恨を蒸し返してなじり合い、米俵を振り回す大ゲンカに。ここは「俵ダテの合方」という特殊な下座音楽もついています。

そこへお参りから帰って来た白太夫。舞台上手には梅、松、桜の木が並んでいます。兄弟にちなんで白太夫が植えたものですが、ケンカで桜の木だけが折れ、若いながら妻もある兄弟が「おいらは知らぬ」と声をそろえて子供っぽく言うところに歌舞伎らしい面白さと演技上の難しさがあります。

折れた桜を見て白太夫が何も言わないのは、桜丸がそれと知らずに丞相左遷の遠因を作ってしまい、切腹する運命を悟ったため。お参りでも桜丸命乞いの願掛けはかなわず、覚悟を決めたのです。ケンカの騒々しさが後の悲劇を引き立てます。

**ここにも注目**

桜丸のみが白太夫の家に先に着いており、白太夫以外の登場人物はそれを知らないという設定。死を覚悟している桜丸が登場する場面は、元気な梅王丸、松王丸とは対照的です。家の奥にある暖簾（のれん）口から、自分では暖簾を開けず、後見が静かに開ける演出が、この役の本質を象徴しています。（135P）

対照の妙味度

家族の悲劇度

春

# 白昼夢のようなやりとり

## せりふ回しも使い分け

武家の世界に題材を採った様式的な「時代物」と、町人世界を扱った写実的な「世話物」。当然せりふ回しも違います。

時代物は声を張って大仰に、世話物はくだけた物言いが基本ですが、意図的に両方を交ぜて、芝居にメリハリを効かせるのが「世話に時代あり、時代に世話あり」といわれる高等テクニック。

「世話に時代」の一例が「弁天小僧」(「弁天娘女男白浪（べんてんむすめめおのしらなみ）」)。女装盗賊・弁天小僧菊之助が、武士に化けた盗賊の首領・日本駄右衛門（にっぽんだえもん）に正体を見破られる場面。駄右衛門が弁天に対し「かたりめ返事は」と、扇子をポンと下に置き、「なな何と」と、目いっぱい、時代に迫る。すると間を置いて、それまで女声だった弁天が、がらりと男声で「おらあしっぽを出しちまうぜ」と、世話にくだける。

駄右衛門は武士の姿なので、時代に張っても無理がなく、観念した弁天の心の変化も、鮮やかに伝わってきます。

男に戻った弁天が語り出す「知らざあ言って聞かせやしょう」で始まる台詞にも注目。七五調と呼ばれる、歌い上げるような調子に特徴があります。江ノ島の岩本院の稚児勤めで、賽銭泥棒をしたのを皮切りに悪に染まり、わずか十七、八歳で名うての悪党となった経歴を披露します。

「時代に世話」の好例が『仮名手本忠臣蔵』・〈三段目〉。高師直（こうのもろのお）が塩冶判官（えんや）を一方的にののしるせりふは、時代と世話の自在な使い分けで面白く聞かせ、師直役者の腕の見せ所です。

**ここにも注目**

作者は幕末から明治にかけて活躍した河竹黙阿弥。「三人吉三」の女装盗賊・お嬢吉三の台詞「月も朧に白魚の～」も有名です。
黙阿弥は「白浪（泥棒）作者」と言われるほど、盗賊の物語を得意にしていましたが、役者に親切、観客に親切、興行元に親切の「三親切」がモットーでした。（168P）

豹変度

著名度

春

# 春らんまんの詞章

## 込められた敬意とドラマ

名人に対する称賛の表現もさまざま。舞踊でも何げない詞章のなかに、ドラマが込められています。

たとえば『京鹿子娘道成寺』。初演は江戸中期の舞踊の天才・初世中村富十郎。若女形を本領として京・江戸・大坂の三都で人気をとり、当時の役者評判記で「極上上大吉」という最上級の評価を受けました。

彼の時代までは、舞踊は女形の専売特許。父である名女形・芳沢あやめは「舞踊は狂言の花なり」と語っています。三男の富十郎が満を持して踊った道成寺は大評判となりました。

その熱狂ぶりは以下の詞章からも想像できます。「あやめ杜若いずれ姉やら妹やら〜中略〜西も東もみんな見に来た花の顔　さよえ　見れば恋ぞ増すえ」。「みんな見に来た」は「南に北」と掛けてあり、現代語に訳せば「お父さんやお兄さんに勝るとも劣らない美しい富十郎さんの顔を、東西南北日本中のみんなが見に来たよ。見ればますます惚れちゃうよ」。

この部分は「わきて節」といって、現在ではお坊さん（所化）が花傘を持って総踊りをする華やかなところ。初演から今に至るまで、富十郎の業績がたたえられているわけです。

「供奴」は、奴が、遊廓に通う粋なご主人様の自慢をする楽しい舞踊。その詞章の「浪速師匠のその風俗に　似たか　似たか　似たぞ　似ましたり」という箇所で、奴がお辞儀をする振りがあります。これは初演した二世中村芝翫が、師である三世中村歌右衛門（当時大坂在住）への敬意と、奴の主人への敬意をダブらせたものです。

**ここにも注目**

能の「道成寺」を歌舞伎化した舞踊。富十郎の道成寺を見た人が「もう少し難しい振りつけがあってもいいのでは」と聞くと、富十郎は「難しくすると後世に残らず自分一代で終わってしまうので、誰にでも踊れるようにした」と言ったという逸話が伝わっています。男性版の「奴道成寺」や二人で踊る「二人道成寺」など、バージョンも豊富です。（134P）

華やかさ度

リスペクト度

# 春に酔う下駄タップ

## イノベーションが随所に

「イノベーション」の本来の意味は「新機軸」「新しい切り口」「新しい活用法」だそうです。それを思わせるのが舞踊『高坏（たかつき）』。舞台狭しと激しく踊りまくる「下駄タップダンス」です。

登場人物は大名と、その家来の太郎冠者と次郎冠者。二人を連れて花見に出かけた大名は、酒を入れる高坏（足の高い杯）を忘れたことに気づき、次郎冠者を買いにやらせます。しかし次郎冠者は高坏が何かわかりません。下駄売りに高坏とだまされて下駄を売りつけられた次郎冠者は、大名から預かった酒を飲んで酔いつぶれ、下駄を履き鳴らして踊り狂います。

絶妙なバランスでリズミカルに踊る様子が見せ場ですが、初演は昭和八（一九三三）年。舞踊の名手・六代目尾上菊五郎が、当時流行中のタップダンスに着想を得てプロデュースしました。歌舞伎舞踊は、タテノリ的な上下動の要素もあり、床を踏む足音も重要なアクセント。靴を下駄に変えれば日舞として成り立つとひらめき、日舞の技術を落としこんだ技術も秀逸でした。

舞台装置は「松羽目物（まつばめもの）」という能を模したスタイルが採用され、本来の背景は松模様ですが、内容にふさわしく桜に変え、こちらもプチイノベーションされました。

**ここにも注目**

「狂言舞踊」というジャンルの作品で、能狂言から取材したり、その演出を模した舞踊劇。歴史は新しく明治以降ですが、趣向をこらした滑稽なものが多いのが特徴。恐妻家の大名が登場する『身替座禅』、太郎冠者が姫にもらった着物を落とす「素襖落（すおうおとし）」、六代目菊五郎が初演した、演者二人の手足を縛って踊る『棒しばり』などがあります。（175P）

初心者おすすめ度

明るさ度

春

# 降る花びらの芝居心

## 役者の姿 引き立てる

歌舞伎では植物にも芝居心が必要です。

たとえば桜の花びら。舞台の天井部分から落ちてくるものは、ピンク色に染められた薄紙を花びらの形に型抜いたもの。「金閣寺」では、桜の木に縛られた雪姫の上から降り注ぎ、夢幻的な効果満点。大量に降る時の花びらは大道具方が受け持ちます。

ほんの少し降る花びらにも注目。「石切梶原」では、武将の梶原平三が、名刀の切れ味を試すため刀を振り上げた時にチラチラと降り、役者の姿を引き立てます。『番町皿屋敷』では、若き旗本・青山播磨が、町奴（まちやっこ）と喧嘩（けんか）になる直前、通りかかった伯母に意見される場面で降ります。彼にとって頭が上がらない伯母が去った後、ゆったりと羽織の紐（ひも）を結び直す播磨に降りかかる花びら。「散る花にも風情があるのう」という台詞で幕になりますが、演じる役者さんはいかにも気持ち良さそう。面白いことに舞台の木から少し降る花びらは小道具方、演技に合わせ上から少量降るときは主演者のお弟子さんが担当するそうです。

一方で「見えない花びら」も。「助六」では、江戸一番のいい男・助六が、吉原に行くために傘をさして登場。これは雨ではなく、土手に舞い散る桜吹雪を避ける心で、この役の華やかさを表現しています。

**ここにも注目**

散る花びらは、ピンクに染めた紙を型抜きして作られています。歌舞伎の桜は花びらの他に、立ち木に打ちつけられる造花もあります。その場合、枝は本物の桜の枝で、「喜撰（きせん）」のしだれ桜には柳の枝を使います。『番町皿屋敷』のように歴史の浅い新歌舞伎では、古典よりも写実的な造花が使われます。（134P）

風流度

トリビア度

春

# 色の世界に出家する

## 江戸の発想力

色の世界に出家をとげた高僧？　それが『六歌仙容彩』中の「喜撰」という作品です。

「わが庵は都の辰巳しかぞ住む世を宇治山と人はいふなり」という百人一首の歌で知られる僧侶・喜撰も、この踊りを見たら腰を抜かすでしょう。色事がらみの詞章に、江戸当時流行した大道芸の節を当てはめ、高僧に踊らせた趣向の奔放さには驚くばかり。たとえば「伊勢音頭」を取り入れた部分の詞章は、以下のようなもの。

「……旅籠はいつもお定まり　お泊まりならば泊まらんせ　お風呂もどんどん沸いている　障子もこのごろ張り替えて　畳もこのごろ替えてある　お寝間のお伽もまけにして……」

大井川の宿場町の、にぎやかな客引きの様子をうたったもので、お寝間のお伽とは「泊まってくれるなら一夜妻もお安くサービスしますよ」という意味。

他にも「抱いて涅槃の長枕　睦言代わりのお経文」など、ちょっとアブナイ詞章が満載。でも最後は「来世は生を黒牡丹おのが庵へ帰りゆく……」。黒牡丹とは牛の異名で、仏教では堕落した僧が、来世で牛になると言われていました。本人も、ちゃんと覚悟しているのがアッパレ。煩悩の肯定と「悟りの境地」が絶妙に調和しています。

また「住吉踊り」のパーツは、当時大流行した大坂発祥の踊りを取り入れたもの。喜撰が、茶汲み女の残していった赤い前掛けを締めて踊っていますが、実際に住吉踊りの芸人たちも、赤い布を身に着けていたそう。赤い大きな傘の周囲を僧侶たちが踊りながら回る趣向も、実物をまねたものです。

**ここにも注目**

平安時代の六人の有名歌人を舞踊にあてはめた『六歌仙容彩』という作品のハイライトです。喜撰とからむ茶汲み女・お梶は、小野小町をイメージしたもの。いわばウエイトレスですが、登場時に宮中の女性の用いる「かつぎ」姿で登場するのは、お梶が元は、御所勤めのお女中という設定だからです。

洒脱度 ★★★

明るさ度 ★★★

春

# 「野崎参り」の風習生かす

## 『女殺油地獄』の悪態

日本には「悪態をつくことが厄払いになる」という古来の考え方があります。今も各地の一部の祭りや芝居の「助六」などでも悪態が交わされています。

『女殺油地獄（おんなごろしあぶらのじごく）』の冒頭で登場する「野崎参り」もそのひとつ。五月初頭に大阪府大東市の慈眼寺（野崎観音）に詣でる伝統的な行事です。昔の大坂人にとっては郊外へのハイキング、現在ではゴールデンウイークの気楽な行楽というところ。昔は裕福な人は川を屋形船で、庶民は土手を歩いて詣でました。その時に土手と船の人が、互いに気のきいた駄じゃれや悪口を言い合った「口合い」という風習を、作者の近松門左衛門はうまく取り入れています。

油屋の不良息子・与兵衛の馴染み（なじ）の遊女・小菊が、会津の客に連れられて野崎参りにやって来ます。美しい遊女や芸者を連れてのお参りは一種のステータスでした。見栄っ張りな与兵衛も「小菊に立派な格好をさせて、群衆に目にもの見せよう」と計画していたものの小菊にふられ、腹いせに会津の客を待ちぶせてケンカを売ります。与兵衛が小菊に悪態をついたり、客と与兵衛の悪友たちがののしりあう展開は、野崎参りのにぎやかな雰囲気を生かしたものといえます。

| ここにも注目 | | |
|---|---|---|
| 「曽根崎心中」などで知られる近松門左衛門の作で、人形浄瑠璃（文楽）の作品を歌舞伎化したもの。与兵衛が顔なじみの同業者・お吉を殺す場面は、二人が油まみれになってすべる様子を、三味線の不気味な音色でも表します。歌舞伎では洗濯のりで油を表現しますが、文楽では人形を大きくすべらすように動かして油を表現します。 | 関西風味度 | 自分勝手度 |

春

# 「羽織落とし」の恋心

## おぼっちゃまの必殺技

おぼっちゃまは羽織を落とすのがお好き？　そもそも普段から柄物の羽織を着ているのは、町人ならばちょっと裕福な証し。

なかでも水色に白っぽい点模様の羽織は、ボンボンの象徴。柔らかな色柄がノホホン感を強調します。上方には、そんなおぼっちゃまのソフトな「非力美」を見せる「和事」の芸が発達しました。

「羽織落とし」は、和事芸の必殺技。美女に見とれるなどしてボ～ッとなり、肩から羽織がスルリと脱げる演出。本人は心ここにあらずの状態で、羽織が脱げたことに気づきません。

---

「封印切（ふういんきり）」の手代・忠兵衛は、仕事の使いの途中、恋人の遊女・梅川（うめがわ）に、フラフラと会いに行ってしまう場面で落とします。

『双蝶々曲輪日記（ふたつちょうちょうくるわにっき）』の若旦那・与五郎は、自分の贔屓（ひいき）の相撲取りをほめる茶屋の主人に、持ち物と一緒に落とした羽織まで与えてしまう変化球型。

江戸の芝居の典型のような『与話情浮名横櫛（よわなさけうきなのよこぐし）』のイケメン・与三郎も、海岸で美女・お富を見染めて羽織を落とす。これもこの場の与三郎に、和事の要素があるためですが、上方より滑稽度は軽めです。

『与話情浮名横櫛』
与三郎

落とした
羽織を
連れの鳶頭に
注意され
「知ってるよう!」
と羽織った
ものの
羽織は
裏返しで
心ここに
あらずの状態

ここにも注目

与三郎の裏返しになった羽織の裏地（羽裏）にも注目。市川團十郎（成田屋）なら牡丹、片岡仁左衛門（松島屋）なら五枚銀杏と、主演役者の紋にちなんだ模様です。落ちぶれた与三郎がお富と再会する〈源氏店〉の場では、〈見染め〉の場とはガラリと違う、こなれた感じの紬の着物で登場します。（47P）

はんなり度

愛嬌度

# 弥生狂言の慣習

## 江戸の生活事情絡む

芝居の上演月には、昔からの由来があります。

夏場の「四谷怪談」など「季節の定番もの」の他に、「興行の慣習もの」がありました。

江戸時代の芝居興行は、さまざまな事情で、延期やお流れになりましたが、正月、三月、十一月だけは必ず上演しました。

これには、当時の生活事情が絡んでいます。正月は「藪入り」という、商家の従業員の休暇に合わせたもので、「曽我物」を上演するのが吉例。十一月の「顔見世興行」は、各芝居小屋と年間契約を結んだ役者のお披露目公演で、荒事の『暫』を掛けるなどの約束事が。

そして三月は、武家の奥女中の宿下がり（休暇）を当て込んだものでした。出し物は「弥生狂言」と呼ばれ、御殿が登場する華やかな演目が多く選ばれました。なかでも『鏡山旧錦絵』は、代表的なものです。

武家の奥女中たちの確執を題材にしたもので、町人出身の中老・尾上が、武家出身の局・岩藤にいじめられるという内容。尾上を助けるのが、武家出の召し使い・お初で、町人出の上司を武家出の部下が助けるという構図がミソ。

当時、武家の「奥」（家族や側室の居所）には、行儀見習いのため、尾上のように裕福な町人の娘たちも多く奉公していました。数日前後の宿下がりのうち、一日は芝居見物に行くのが慣例で、彼女たちは、自分たちの職場を舞台に繰り広げられるコスチューム・プレー（華麗な衣装で演じる劇）を楽しんでいたのです。

『鏡山旧錦絵』〈竹刀打（しないうち）〉の場

女主人・尾上の代理試合で局・岩藤を打ち負かすお初。宿下がり中の女性客に大いに受けたことだろう。

岩藤

お初

ここにも注目

花見月でもある弥生狂言では、他にも『伽羅（めいぼく）先代萩』『新薄雪物語』など、武家の御殿で繰り広げられるドラマが上演されました。御殿物についで「助六」も、おなじみの演目です。正月の興行が大あたりした場合は、五月の「曽我祭」（曽我兄弟の討ち入り日）まで延長するのが当時の慣例で、その年には弥生狂言は上演されませんでした。（41P）

トリビア度

業界事情度

春

# 春に見物する確執

## 役の秘訣伝える奥義

歌舞伎では「いかにもその役らしく見える」ことが何より大切。役者は一生修業が続きますが、そこで威力を発揮するのが「口伝(くでん)」と「心得」です。「口伝」は、芸の先達者が伝える芸道の奥義。「心得」は、その役らしく見せるために、演者が守るべき心構え。口伝は役の全体像を、心得はある場面を演じるための秘訣(ひけつ)を示す場合が多いようです。

有名な口伝が「荒事は子供の心で演ずべし」。荒々しく豪快な荒事の主人公は、十代の若者が多く、動きや台詞ひとつにも、天衣無縫な大らかさが必要です。対照的なのが、上方和事の口伝「二枚目は三枚目の心で演ずべし」。柔らかみのある関西の色男を演じるには、愛嬌が必須です。

心得でよく知られているのが『鏡山旧錦絵』に登場する中老・尾上の演技。武家の奥女中たちの確執をテーマにした作品で、尾上は対立する局・岩藤に、無実の罪を着せられた上、満座のなか草履で殴られるという屈辱を受けます。

この〈草履打〉の場の最後では、殴られた草履を手にした尾上が、無念に打ち震えながら、花道を引っ込みます。続く幕では、自室にさがった尾上が、自害の決意を固めるのですが、この間に幕間(まくあい)（休憩時間）があります。尾上を演じる役者は、前の幕で引っ込んだ後、次の幕まで誰とも口をきかず、鳥屋(とや)（花道の突き当たりの小部屋）の中で、じっとうつむいているのが心得と言われています。そうすれば、幕間を挟んでも、切羽詰まった心情を維持できて、芝居がだれません。

**ここにも注目**

加賀藩のお家騒動から着想した作品。屈辱に耐えかねて自害した尾上の仇を、お初が岩藤を討って晴らします。 本作の後日談が『加賀見山再（ごにちの）岩藤』。二代目尾上となったお初が、再びお家騒動に巻き込まれます。野ざらしになっていた岩藤の白骨が寄せ集まって亡霊姿となり、空中を散歩する演出から「骨寄せの岩藤」の別名があります。(169P)

パワハラ度

リベンジ度

春

# 長屋の腰元 秘めた恋

## アイコンが示す境遇

一目見ただけで、その人の来歴や境遇、性格までわかる？

歌舞伎では衣装から大道具まで、全てが明確に「アイコン化」されています。アイコンとは物事の説明をシンプルに記号化したものを言います。

『浮世柄比翼稲妻』・〈浪宅〉の場は、訳あって浪人となり、オンボロ長屋で暮らす名古屋山三をめぐる物語。雨漏りがひどかろうが借金取りが押しかけようが、貧乏暮らしもどこ吹く風と、おうように振る舞う山三の殿御ぶりが眼目。

そんな山三にまめまめしく仕える元腰元のお国の格好に注目。これがアイコンを逆手にとったような力技なのです。

まずは帯。リボン型を斜めに傾けた「立て矢の字」は、武家の腰元の定番の結び方。たとえ長屋暮らしでも、お国はしっかりこの形を維持していますが、帯はつぎはぎだらけ。外出時は敵に出会っても右手で懐剣を使えるよう、左肩に傾けるのが基本ですが、長屋では外出の用事も多いとみえます。

襟元。本来着物に黒襟をかけるのは一般庶民で、武家女性はしません。屋敷暮らしからの境遇の変化を表しています。

手ぬぐい。帯に手ぬぐいをはさんでいるのは「働き者の庶民の女性」。お国も内心ひそかに惚れている山三のために、一日中立ち働いています。

肩入れ。肩の部分で生地が切り替わっ

たオシャレな着物……と思いきや、これは補強のためで、貧乏の証し。山三の着物も同様ですが、やっぱりどこか洒落（しゃれ）ているのが歌舞伎ならでは。

全身のアイコンから「今の状態」がしっかり読みとれます。

**ここにも注目**

お国と対照的なのが、山三の女房・葛城太夫。山三を助けるため、廓に身売りして売れっ子花魁となっており、豪華な行列で長屋にやって来る演出が、意表をつく面白さです。葛城に廓で会うために山三は莫大な借金を作っています。山三と、敵対する不破が廓で出会う「鞘当」や、他の場面の「鈴ヶ森」のほうが、よく単独上演されています。（179p）

トリビア度

レアな面白さ度

春

# 水辺の町にあで姿

## 江戸の深川芸者

バブル期に流行ったトレンディードラマ。お洒落な都会を舞台に、イケてる男女の恋愛模様が繰り広げられる——。江戸時代なら、そんなドラマのヒロインになりそうなのが、辰巳芸者です。

江戸の東南（辰巳）の方向・深川（現江東区）で活躍した芸者の総称。当時の深川は、水路を生かした材木流通の要所で、威勢のいい職人たちで賑うウオーターフロント。そんな土地柄を反映し、「粋」と気っぷの良さを売り物にした彼女らは、江戸中の人気者に。

本来は男性のものであった羽織を着て座敷に出た事から「羽織芸者」とも呼ばれました。鼠や藍色などシックな色を好み、冬でも素足。その源氏名も米八、仇吉といった男名前で、花魁の八ツ橋、白玉などの優美な名前とは対照的。芸は売っても身は売らないプライドを持っていました。

言葉遣いも、相手を「おめえ」と呼ぶなど、伝法なのが特徴です。

歌舞伎でも『梅ごよみ』『名月八幡祭』などのヒロインで登場。舞台には、粋な茶屋や、遊び馴れたお客、川を行き交う舟が情緒豊かに登場し、往時の華やかさを想像させます。

『梅ごよみ』仇吉

川と舟は
辰巳芸者に
つきもの

浴衣姿も
粋で
あでやか

**ここにも注目**

仇吉たちの乗った船が花道を進んだり、他の船と旋回しながらすれ違ったり、土手が左右に割れて川の場面になったりと、舞台美術の大じかけも楽しい演目。『名月八幡祭』でも活躍する船は、操作役の人が船底に腹這いになって操作しています。『怪談牡丹燈籠』や『盟三五大切』も、冒頭での船の出会いが印象的です。

江戸情緒再現度

初心者おすすめ度

# 与三郎 初夏の再会

## 実在人物がモデル

芝居には、ワイドショーを地でいく作品が。『与話情浮名横櫛』もそれ。

江戸の大店(おおだな)の若旦那・与三郎は、身を持ち崩して木更津の親戚に預けられていました。その地で、やくざの親分の妾(めかけ)・お富と、偶然密通したのがばれ、切り刻まれて海に投げ込まれます。一命をとりとめた与三郎が、三年後に、別の男の妾となっているお富と、偶然再会する物語ですが、実在したモデルがいます。

それは江戸後期の長唄師匠・四代目芳村伊三郎。若い頃、職人だった伊三郎が、長じて出会ったのが、お富のモデル・おきち。おきちには、土地の親分がついており、二人は木更津まで逃げたものの、見つかって伊三郎は切り刻まれ、海に投げ込まれますが、奇跡的に助かりました。

当時、講談になったこの話を、三代目瀬川如皐(じょこう)が舞台化したのが本作。初演は嘉永六(一八五三)年五月。与三郎のキャラは、人気絶頂の八代目市川團十郎にあてて書かれました。團十郎のソフトな御曹司ぶりは、与三郎にぴったりで大ヒット。

美貌の團十郎が切り刻まれ、無頼漢に転落するという趣向は、観客を狂喜させました。当時三十一歳で、人柄も兼ね備えた團十郎でしたが、与三郎を演じた翌年、大坂で謎の自殺をとげています。

ここにも注目

小間物屋の養子だった与三郎は、実子である弟に家督をゆずるため、わざと放蕩三昧をして勘当されました。無頼漢の蝙蝠安（こうもりやす）と一緒に、ゆすりたかりの生活をしていますが、もともとはお坊ちゃん。蝙蝠安がお富と押し問答をしている間、外で所在なげに小石を蹴ったりする様子に、その雰囲気がにじみます。(36P)

粋な落ちぶれ度

大人な風情度

# 川風の効果音

## 小悪党にピッタリ

小粋な小悪党に似合うのは、ポンッ、ドドン、チャラリチャラリチャン。

これは「髪結新三」（『梅雨小袖昔八丈』）に登場する音。初夏の夜、場所は永代橋のたもと。にわか雨の中、不良の髪結い・新三と、商家の手代・忠七が争う場面です。新三の悪だくみで、恋人を拉致された忠七。だまされたと知って抗議する忠七を、新三は足蹴にしてタンカを連ねます。

忠七を見下した新三が「ざまあみやがれ」と、手にした傘をポンッと開くと、下座音楽の大太鼓が力強くドドン！　三味線がチャラリチャラリ〜。

---

ドドンは海の大波、三味線は絶え間ない川の流れを表現。颯爽と立ち去る新三。

ドドンの後、三味線に入りこむ「吹けよ川風　上がれよ簾〜」という唄も力いっぱいの勢い。川遊びの屋根舟で、風で簾がめくれ上がって、唄い手の姿を見たいという心を表現した詞章は、初夏の気分満点。荒っぽくも爽快な音の効果が、新三のキャラにピッタリで、もしなければ陰気な後味になるでしょう。

でもよく考えると、川の場面に、ドドンという海の波音は変？　名優・六代目尾上菊五郎もそう考え、試しに省いてみると調子が狂い、かっこ良く引っこめなかったそうです。

**ここにも注目**

『妹背山婦女庭訓』・〈吉野川〉でも、とうとうたる川の流れを表現する太鼓の効果音が入りますが、それはドンドンドンドン……と一定のリズムで打たれています。同じような大きな川の場面でも、芝居の雰囲気によって違いを出しているのがわかります。（12P）

粋がったワル度

爽快な勢い度

# 目には青葉…の季節感

## 髪結新三と初ガツオ

「目には青葉　山ほととぎす　初鰹（がつお）」。初夏を代表する句を地でいく芝居が「髪結新三」（『梅雨小袖昔八丈』）。

主人公の新三は、粋がったワルの髪結（美容師）です。得意先の娘を身代金目当てに誘拐し、自分の長屋に監禁した新三は、悪だくみの成功を確信して上機嫌。そこに聞こえてくるのが鰹売りの声。江戸当時、初夏に出回る初鰹は、大卒の初任給に近いくらいの法外な値がつくこともあり、出回り始めは高級料亭などが買い上げました。江戸っ子の初物好きに加えて「勝つ」という縁起かつぎもあって人気となったという説も。本作の鰹売りの呼び声も「かっつお！かっつお！」と、威勢が良いのが印象的です。

新三は鰹一本を三分という値段で買います。それを見ていた長屋の住人が驚くと「鰹もずいぶん安くなりやした」と応える新三。実は足の早い鰹は、日ごとに安くなっていったのです。三分は今の貨幣価値で数万円くらいでしょうか。それでも長屋住まいの新三にとっては、本来縁のないような高級品に変わりはなく、その物言いからは見栄っ張りな性格が透けて見えるようです。

結局新三は、娘救出の交渉に来た家主に、鰹も半分取られますが、初夏の季節感と鰹愛満点の芝居です。

ここにも注目

「五感で感じる」江戸の博物館のような作品。庶民の生活感が生き生きと描写され、まるで「江戸下町のスケッチ」を見ているよう。新三の腕には、前科者の証拠である刺青がありますが、すごんで見せても長屋の老獪な家主にはかなわず、言い負かされてしまうなど、どこか憎めないキャラです。(190P)

江戸風俗再現度

憎めない小悪党度

夏

# 舞踊の中の山王祭

## 復帰「待ってました!」

「待ってました!」と、客席からかかる大向こうに、舞台の役者が「待っていたとはありがてえ」。

　こんな楽しい掛け合いで始まるのが舞踊「お祭り」。そのため、病後の復帰でよく上演されます。

　題材は、神田祭と共に天下祭のひとつである、日枝神社の山王祭。二つの祭りは幕府と縁が深く、江戸期は隔年で交互に行われ、将軍の上覧や、幕府からの助成金もありました。現在の山王祭は、六月中旬に行われています。

　両方とも舞踊になっていますが、本来は別物で、本作の別称は「申(さる)酉(とり)」。日枝神社が、江戸城から申酉(南西)の方角に位置したのが由来です。当時は鶏と猿を先頭とするたくさんの山車行列が出たといいます。伴奏のうたい出しは「申(猿)酉(鶏)の花も盛りの暑さにも~」となっています。

　神田祭同様、粋な鳶頭(とびがしら)が登場。そして何といってもいいのが、清元の伴奏曲。軽やかで粋な曲調と扮装(ふんそう)で、気分良く踊れるのも、復帰公演に向く理由でしょう。

　遊女との色恋を語り、若い者と喧嘩する定番の構成に加え、その時の座組で、芸者や鳶の数が増えたり獅子頭が出たり、アレンジ多彩なのも特徴です。

別称「申酉（さるとり）」
鳶頭

肩に大きな模様を染めた首抜きという柄の粋な浴衣演じる役者の紋様になっている

首抜き

**ここにも注目**

祭礼を仕切る鳶と山車につきそう芸者は、祭りの二大スターでした。最近は「申酉」と「神田祭」をミックスして上演することも多いのですが、「神田祭」に登場する芸者は鳶頭の女房という設定なので、痴話喧嘩を語る場面もあります。この二つに加えて「三社祭」も有名で、いずれも歌舞伎舞踊の題材になっています。

ウキウキ度

江戸っ子度

# 木の芽どきの抗争劇

## 侠客の元祖・長兵衛

コワモテ軍団対不良ボンボン集団――それが『極付幡随長兵衛』の世界。

幡随院長兵衛は、江戸期に実在した町奴の親分です。奴とは、もともと足軽などフリーの下級武士のこと。戦国時代が終わり平和な江戸時代になると、彼らの一部は奇抜な格好をする「かぶき者」となって無頼化。町奴は、そんな風潮を真似た町人らがルーツです。本作の長兵衛たち町奴は、町のもめ事も仲裁する侠客のような存在でした。

町奴に敵対するもう一方の勢力が旗本奴で、血気盛んな旗本の子息たち。集団で暴れ回り、町奴とことごとく対立しました。旗本奴を代表するグループが「白柄組」で、白い柄の刀がトレードマークでした。リーダーの水野十郎左衛門も実在の人物です。

この作品は、町人対武家の対立と見るより、任侠映画のような抗争劇と見た方がわかりやすいでしょう。双方無頼な気質で、意地とプライドをかけて譲れないという設定です。

史実の長兵衛が水野に殺されたのが七月（諸説あり）。芝居では、男らしい長兵衛を水野が惜しみつつ殺すという設定で、後に自分も切腹しますが、実在の水野はもっと素行が不埒だったため、幕府に切腹を命じられています。

| ここにも注目 | 冒頭で「公平法問諍（きんぴらほうもんあらそい）」という劇中劇があり、古い江戸歌舞伎の姿を伝えています。坂田公平という豪傑が、自分の主人・源頼義の子息に、寄付金目当てで出家をすすめる僧侶をやりこめる話ですが、劇の最中に突然おこる事件とは……。現実の劇場ともリンクした、非常に面白い演出があります。 | 演出の意外性度 |
|---|---|---|
| | | 主人公の男らしさ度 |

# 夕立が演出の濡れ場

## 小悪党　禁断の官能美

めくるめく情痴の世界にクラクラするのが「小猿七之助」（『網模様燈籠菊桐』）。キモとなるのが「男女二人の身分差」。武家勤めで位の高い奥女中・滝川と、足軽同様の「中間」という身分の小悪党・七之助の色模様で有名です。屋敷を渡り歩く中間にはタチの悪い者もいました。

駕籠で外出中、突然の雷雨で失神した滝川。供の七之助が口移しで水を飲ませて正気づかせます。介抱の礼がしたいと申し出る滝川に「お情けにあずかりとうござりまする」と言い放つ、すなわち共に寝たいという言葉に仰天する滝川に、「体に触り口移しをした以上、あなたはもう汚れている」と、七之助がネットリと迫ります。

展開の妙味にも注目。滝川の帯端をとらえ、デンと座る七之助のふてぶてしさと、身動きのとれない滝川の絵画的な構図。そして雨上がりの土手の小屋に二人で入り、先に出て来た七之助が手ぬぐいで汗をぬぐったり、滝川が懐紙を渡す様子には濃厚なエロスが。男女の味を知った滝川がガラリと変心し「屋敷には帰らずお前の女房になる」と宣言、今度は七之助がタジタジとなります。幕末の作ですが、明治期には風紀上の理由で核心部分が上演中止に。終戦後に復活し、禁断の官能美をよみがえらせました。

# 「小猿七之助」

中間に迫られる奥女中・滝川
二人で出奔（しゅっぽん）後は
したたかな遊女に

**ここにも注目**

講談ネタを河竹黙阿弥が歌舞伎化した作品。後に滝川は「御守伝お熊」と名を変えて、したたかな人気女郎に変貌します。御守伝とは将軍家の娘の敬称で、御守伝につかえる奥女中も指した言葉。二人の濡れ場を舞踊化したのが「夕立」。伴奏の清元は、別の芝居のために作曲されたものですが、色っぽい雰囲気にピッタリなので採用されました。

豹変度

R 指定度

# 鉄火肌のいい女

## 涼やかな透け感

真夏の大坂・下町の風情が伝わってくるのが『夏祭浪花鑑』。旧主君の子息のために奔走する侠客・団七たちの意気地を描いた群像劇です。原作は人形浄瑠璃で、初演時には人形に夏らしい帷子（裏地のない麻着物）を着せました。団七の着物は白地に柿色の太い格子柄で「団七縞」と呼ばれ、今に伝わっています。

団七を助ける一寸徳兵衛の女房・お辰の衣装にも注目。仲間の老侠客・三婦をたずねて、黒または紺一色の透ける夏着物に、キリリと粋な博多帯を締め、日傘を手に登場。団七らに負けず劣らず一本気なキャラですが、その姿は炎暑の町に涼しい風を呼びおこすよう。片方の襟を裏返しているのは、通常は遊女が襟裏の赤色を見せて色気を出す着方。お辰の場合は暑さの表現ですが、大人の女性の余裕を感じさせます。二の腕に「腕守り」という、祭礼の札を入れた赤い布を巻いているのが透けて見えるのも色っぽい。昔からの習俗とおしゃれを兼ねた当時の流行ですが、帯に差した朱色のたばこ入れと共にモノトーンの着物にアクセントを添えています。

持ち前の義侠心から子息を預かると三婦に請け合ったものの「顔に色気がありすぎて間違いがおこる」と言われ、自らの頬を焼くほどの鉄火肌です。

お辰

紗という透ける
夏着物で登場
煙草入れと腕守り
の朱色にも注目

ここにも注目

お辰のたばこ入れや傘といったアイテム同様、登場人物たちの粋な帯も気が利いています。現在に伝わる「博多献上」という織り帯で、お辰は白か茶、団七は赤、団七の相棒・徳兵衛は緑地など。本作が上演された江戸当時、博多商人が宣伝のために主演役者に締めてもらったのが人気となり、型となって残りました。(166P)

ファッションチェック度

鉄火肌度

# 大坂の祭り　ねっとりと

## にぎやかな祭りと殺人

七月十八日は、大阪・高津神社の大祭。だんじりばやしで知られる、夏の風物詩です。

この祭りを冠した芝居が『夏祭浪花鑑』。侠客・団七九郎兵衛らが、旧主のために体を張る「男伊達（おとこだて）の世界」を描きます。

注目は、大阪独特の郷土色。物語の舞台は、現在「ミナミ」と呼ばれる一帯。昔ながらの上方らしさが残るエリアです。

大阪の夏特有の蒸し暑さも、「ねっとり」した風土感を強調するかのよう。注目は、団七が強欲な舅（しゅうと）・義平次を殺す〈長町裏〉の場。夕顔の咲くムシムシした路地裏の一角で、二人が泥まみれになって争いますが、凄惨な場面にもかかわらず、下座音楽は、陽気な祭りばやし系なのが印象的です。

ちなみに江戸当時の長町裏は、封建体制からはじき出された人々が集まるスラム街でした。団七らの身分もごく低く、その実態は無頼の徒といえます。

うらぶれたわびしい一帯だったと伝えられる長町裏。そこでの殺人の最中（さなか）、塀の向こうを、にぎやかな祭りの山車が通り過ぎて行く対比が鮮烈。そのかけ声も「わっしょい」ではなく「ようさや、ちょうさ」なのも大坂独特です。

## <長町裏>の場の立ち回り 本物の泥にまみれる通称「泥場」

**ここにも注目**

人形浄瑠璃（文楽）を歌舞伎化した作品で、歌舞伎演目の３割以上は文楽が原作。歌舞伎と文楽では、どの演目でも文楽のほうが、上方らしさが忠実に表現されています。文楽の人形と、役者の個性を見せるのが目的の歌舞伎では表現方法も異なるためですが、中村吉右衛門系では「わっしょい」を選びます。(174P)

熱い上方度

血の気の多さ度

夏

# 男の幽霊 ユニークなキャラ

## 幽霊の世界は女性上位？

「四谷怪談」のお岩や「牡丹燈籠」のお露に代表されるように、怪談に登場する女性の幽霊は、男性への恨みや恋慕から、相手を破滅させるほどのパワーの持ち主。一方男性の幽霊は、概してそこまでの力はないようです。「四谷～」で、民谷伊右衛門に秘伝の薬が欲しいと訴える小者の小仏小平や『桜姫東文章』で、恋い慕う桜姫につきまとい邪険にされる僧・清玄の霊。恨めしげなのは、実は男の方だったりします。

そんな中で異彩を放っているのが『巷談宵宮雨』の破戒僧・龍達。女犯の罪で寺を追われたこの男は、甥である遊び人・太十の家に転がり込み、寺の庭に埋めてきた百両を掘り出して来てくれと頼みます。その報酬をめぐってトラブルとなり、太十は龍達を毒殺。幽霊となった龍達は太十夫妻をとり殺す――というもの。

作者は『曽根崎心中』を脚色・演出した宇野信夫。『巷談～』は六代目尾上菊五郎の龍達のために書き下ろされました。怪談と世話物は尾上家のお家芸ながら、六代目が一度きり演じたぽっちゃり形のお岩は当時不評。しかしこの作品では、世話物芸のうまさが際立って大当たり。礼金を出し渋るしぐさなどは、現在も見せどころとなっています。

人間の欲望や愛憎を描く怪談劇は、庶民の生活感を表現できてこそ成り立つもの。龍達のケチで脂ぎった人間性と太十の小悪党ぶり、隣家の夫婦の描写、木魚やセミの声といった市井の道具立ても満載で、リアルな情緒を盛り上げます。

『巷談宵宮雨』
毒を飲まされ、顔面がただれた幽霊となる。夏の風情と怪談の道具立てが満載のおもちゃ箱のような夏芝居

龍達

ここにも注目

深川八幡の祭礼の宵宮が舞台。毒殺に使われたのは、太十が旧知の行商人にもらった「ねずみ捕り」。江戸期に岩見銀山という商標名で「いたずらもの（鼠）はいないかな」のふれ声と共に売り歩かれていました。祭り気分とは裏腹な物憂い雨の夜を舞台に、人間の業が巧みに描かれています。

怖いもの見たさ度

嫌な奴「あるある」度

# 下町の夏「井戸替え」

## 情にはもろい権三と助十

一年に一度の井戸の大掃除が「井戸替え」。旧暦の七夕（現在では八月に相当）に行われた下町の風物詩で、この日は仕事を休んだ町内の住人が、総出で井戸の水をくみ出し、内部の汚れやゴミを掃除しました。

『権三と助十』の冒頭では、長屋の老若男女が、井戸の上の滑車につけた長い綱を引き、井戸替えをする場面が登場。井戸そのものは登場しませんが、大勢が花道にまで並ぶにぎやかさは圧巻。半裸の男たちや、浴衣の裾をからげた女性の姿は、いかにも暑いさかりの大仕事。助け合って暮らす住人の絆もよくわかります。

---

主人公の駕籠かつぎ・権三と助十は、喧嘩っ早いくせに小心で、情にはもろい「いかにも江戸っ子」。近所の殺人事件に偶然関わり、ひと騒動になりますが、芝居のキモは、テンポのよい会話に代表される「生き生きした世話物のノリ」。普段は互いの妻や弟と、些細なことで派手なケンカをする彼らも、ひとたび事がおこった途端、相手を思いやる。のど元過ぎればケロリと熱さを忘れる庶民性もご愛嬌。

いかにも一癖ありげな事件の真犯人・勘太郎をはじめ、まわりの人物もよく描かれています。

長屋の井戸替え

助十

権三

イキの
合った
二人の
やりとりも
見どころ

**ここにも注目**

舞台は神田で、庶民の生活感が眼目。名奉行・大岡越前の「大岡裁き」が隠れた下敷きとなっていて、コメディータッチのなかに気の利いたアクセントを添えています。作者は『半七捕物帳』を書いた大正期の作家・岡本綺堂。『番長皿屋敷』などの、うたいあげる調子が特徴である他の綺堂作品とは、ひと味違う魅力を放っています。(30P)

風俗再現度

どんでん返し度

# 「四谷怪談」の見せ場

## お盆の演出に修正

お盆は亡き人を供養する行事。盆の入りの夕方、家の前で火をたき、祖先の霊を迎える「迎え火」。盆明けに送り出すのが「送り火」です。『東海道四谷怪談』・〈蛇山庵室〉の場では、妻・お岩を死に至らしめた夫・伊右衛門が、お岩のために送り火をたきます。病みほうけた伊右衛門のたく火が提灯に燃え移り、中からお岩の霊が現れる仕掛けで有名です。見事なトリックもさることながら、薄暗い夏の夕刻、ちろちろと燃える火が、あの世とこの世の境目を照らすかのよう。

実はかつて、この場面は雪景色でした。「四谷怪談」は「忠臣蔵」の番外編として書かれ、初演時は昼に「忠臣蔵」、夜に本作を上演。「忠臣蔵」のラストが雪景色のため、それに合わせたのです。初演時の演出は、弔い用の布から産婦霊姿のお岩が登場し、雪の上に血の足跡をつけるというもの。お岩を初演した三代目尾上菊五郎三度目の公演時より、大道具師・十一代目長谷川勘兵衛の協力で、現行演出に改められました。

脚本でもこの直前の〈夢の場〉で、若い日のお岩と伊右衛門が出会うのが七夕、前半でお岩が暴力をふるわれる〈浪宅〉の場が梅雨時なので、順番的にも心理的にも、お盆のほうがしっくりきます。

ここにも注目

陰々滅々とした読経の声で始まる〈蛇山庵室〉は、有名な「提灯抜け」の他にも、観客を驚かせる仕掛けがてんこ盛りです。仏壇の中からお岩の霊が現れ、恨む相手を引きずり込んで消える「仏壇返し」や、お岩が壁の中に消える「忍び車」など、大道具と小道具の工夫の結晶です。（194P）

トリビア度

ビックリ度

秋

# けだるい初秋 かさねと与右衛門

## あの世に呼ばれる運命

異界に捕らわれることを、運命づけられていたカップル――それが舞踊劇「かさね」の二人です。

腰元・かさねと密通した後、出奔した与右衛門は、十五年前にかさねの母とも密通して、夫の助（すけ）を殺した過去があります。

ここで気になるのが、かさねと与右衛門の年齢。かさねの母を誘い出して密通したくらいですから、与右衛門は当時、少なくとも二十歳前後にはなっていたはず。そのころ、かさねは乳飲み子なので、十五年後は、与右衛門が三十代半ば、かさねは十六、七歳くらいの「年の差カップル」です。

欲望に流されるまま生きてきた与右衛門なので、一途（いちず）に彼を慕うかさねに、最初は良くても、だんだん疎ましさを感じてきたことでしょう。初夜の思い出にふけり、切々と恋心を訴えるかさねに戸惑い、果ては心中を請われます。

そこに卒塔婆に乗って流れついたのが、十五年前に殺した助のどくろ。卒塔婆に記された俗名でそれと知り、忌まわしい記憶を呼び覚まされた与右衛門は、助の祟り（たた）で醜く変わったかさねを見て、殺すことを決意。

全ては因果の為（な）せる業ですが、清元の詞章にも注目。「去年（こぞ）の初秋盂蘭盆（うらぼん）に〜中略〜ほんに結びの神ならで仏の森の新枕」。二人が初めて深い仲になったのが盂蘭盆の日の森の中。死者が年に一度、

この世に戻って来る時。つまり二人は最初からあの世に呼ばれる運命でした。他にも、蓮(はす)の台(うてな)や菩提心(ぼだいしん)など「あの世キーワード」が巧みにちりばめられ、作者の着想の冴(さ)えが見られます。

**ここにも注目**

親の仇と契った祟りで、かさねの左目ははれ上がり、動かなくなった片足をひきずりながら与右衛門にからみます。陰惨な内容なのに、雰囲気は妖艶で美しいものです。与右衛門は「色悪」と呼ばれるワルの色男の役柄。伴奏の清元のふるえるような曲調も、愛欲の果ての気だるさを強調するかのようです。(143P)

妖艶度

愛欲の濃さ度

# 本心隠す秋の闇

## 頭巾姿の美と神秘

頭巾姿の女性には不思議な色気や神秘性が感じられます。

その代表が『摂州合邦辻』の玉手御前。彼女は大名家に腰元奉公後、前妻を亡くした当主に望まれて後妻となりますが、義理の息子・俊徳丸に邪恋をします。でもそれは俊徳丸を腹違いの兄が企む暗殺から守るための計略で、彼女の本心は誰も知りません。原作の文楽では二十歳そこそこの設定で、一途な純粋さを持ったうら若き女性。歌舞伎ではもう少し年上の雰囲気で演じられます。

屋敷を出奔した玉手が闇にまぎれて両親の庵室をたずねる場面に注目。門口にたたずみ、かぼそい声で「かかさん、ここ開けて」と頼みます。屋敷風の黒い衣装で、中村歌右衛門系では人目をはばかるため、ちぎった片袖を頭巾にした姿。白い顔が闇に浮かび上がり、独特の美しさです。後の場面で庵室にかくまわれている俊徳丸と許嫁の浅香姫を相手に「嫉妬の乱行」と呼ばれる狂態を演じ、怒った父親によって刺されます。

死の直前、玉手は一同に本心を明かしますが、これは『義経千本桜』・〈すし屋〉の不良・権太と同様、悪人と見えた人物が実は善人だったという「モドリ」の演出。それまでは本心を隠してあくまでも本物の恋として演じるのがセオリーです。

門口にたたずむ
玉手

ちぎれた
片袖の跡の
赤い裏地が
闇に映える

**ここにも注目**

俊徳丸は伝説上の人物で、まま母の呪いで失明したのを、恋仲の乙姫に助けられ、大坂・四天王寺の功徳で病が治ったと伝えられます。これから着想されたのが、能の『弱法師（よろぼし）』や、歌舞伎の「合邦」。弱法師では、極楽につながるとされる大阪・四天王寺の西門から夕陽を拝みますが、本作の舞台の合邦辻は、その付近にあったという辻道です。

伝説の深み度

謎めいた美しさ度

# 「魚屋宗五郎」と秋祭り

## はやしも心境に合わせて変化

「だらだら祭り」と呼ばれる芝大神宮（東京都港区）の大祭。毎年九月十一日から二十一日まで長期間続くのが名の由来です。

この祭りを背景としたのが「魚屋宗五郎」（『新皿屋舗月雨暈（しんさらやしきつきのあまがさ）』）。酒乱の魚屋・宗五郎の酔態が見どころです。旗本に見染められ屋敷に奉公した妹・お蔦（つた）が、こちらもやはり酒乱の旗本に、濡れ衣の不義の罪で成敗されたのが芝居の発端。お蔦の死を悲しむ宗五郎一家のもとに聞こえてくる祭りばやし。奉公人の三吉は「人の気も知らねえで、いけ騒々しいはやしだな」と嘆きます。一家の沈んだ様子とにぎやかなはやしの対比が印象的で、その音楽的効果にも注目。禁酒中の宗五郎が悲しみのあまり酒を飲み、酔って旗本の屋敷に暴れこむのですが、しらふだった最初は「妹が見染められた当時、困窮していたのを殿様からの支度金で救われた。金につられて奉公させた自分に責任がある」と冷静です。本来の実直な性格がよくわかりますが、弔問に訪れたお蔦の元同輩である腰元に事件の真相を聞かされ、抑えていた気持ちが酒の力で噴出します。

はやしも宗五郎の心境に合わせて変化し、周囲の制止も聞かず、たて続けに飲むにつれテンポアップ。大暴れして家を飛び出す時には最高潮になります。

酔って
旗本屋敷に
暴れこもうと
する宗五郎
を必死に
止める
女房・おはま

祭りばやしの
テンポも
どんどん
速くなる

**ここにも注目**

幕末～明治期に活躍した河竹黙阿弥の作。正式な題名を『新皿屋舗月雨暈』といい、怪談で有名な皿屋敷伝説が下敷きです。悪者が家宝の茶碗を割り、その罪をお蔦になすりつけたのが 事件の発端。初演の五代目尾上菊五郎が「酒乱の役をやりたい」とリクエストして出来た作品といわれ、眼目はあくまで酒乱の演技です。

実直度

庶民的感覚度

# 八幡宮の大祭前に…

## 水の都・江戸 昔の面影遠く

江戸は水の都でした。当時、大川と呼ばれた隅田川は、いわば一大幹線道路で、舟が行き交う交通の要。本流から、いくつもの水路が設けられ、特に深川（現江東区門前仲町付近）は、東洋のベニスとたとえられるほど、水辺に縁の深い町でした。

『名月八幡祭』・〈魚惣裏座敷〉の場では、昔の深川の情景が見られます。八幡宮の大祭が近いある日のこと。得意先の魚惣に挨拶に来ていた越後の行商人・新助のいる川沿いの座敷の真下を、舟に乗った芸者・美代吉が通りかかります。彼女は新助に「うちに遊びにお出かけよ」と、営業サービスで声をかけ、彼氏とのデートのため、鉄砲洲へと去って行きます。

花街だった深川では、タクシーを使うように、芸者も舟で行き来しました。鉄砲洲とは砂州状の地名で、現在の中央区明石町付近。

美代吉の後を、うっとりと目で追う新助は「あそこが佃。あそこが築地。あれが鉄砲洲。良い眺めだなあ」。良い眺めとは、美代吉本人も指していますが、永代橋付近の魚惣からは、右岸の築地と鉄砲洲、中州状の佃が広々と見渡せました。佃隣接の埋め立て地・月島はこの時代はまだなく、現在では高層マンションが並びます。

ここにも注目

河竹黙阿弥の原作を、戦前の劇作家・池田大伍が近代的な視点で作り替えた新歌舞伎。
美代吉は船頭の彼氏に貢いでおり、オペラのカルメンを思わせるような、悪気なく奔放な性格が悲劇の原因となります。新助に殺されるラストで降る雨は、本物の水が使われます。

ヒロインのあるある度

現代性度

# 「引窓」と中秋の名月

## 月に捧げる団子

中秋の名月の情緒を生かした名作が、『双蝶々曲輪日記』・〈引窓(ひきまど)〉。

舞台は京都近郊の八幡の里、十五夜の前日という設定。代官に取り立てられた南与兵衛(なんよへえ)の家を、義理の弟・濡髪長五郎(ぬれがみちょうごろう)が、おたずね者となってたずねて来ます。母お幸、先妻の子の与兵衛、女房のお早という立場の違う家族が、互いを思いやる心理劇。わが子を案じる母の気持ちに打たれた与兵衛は、長五郎を逃がします。

月光が重要なキモとなる作品なので、月見の支度に注目。幕開きで、お早が、団子とすすきを三方に載せて登場。団子に添えた里芋を見たお幸が「芋は明日支度するものだから、まだ早い」と言います。中秋の名月は芋名月とも呼ばれ、収穫した里芋を十五夜の晩に食べる古い習慣がありました。時代が下るにつれ、稲穂を模したすすきで豊穣(ほうじょう)を祈り、米粉製の団子で収穫の感謝を月に捧(ささ)げ、月を模した丸い形に、満ち足りた幸福の願いをこめました。

お早は元遊女で、駆け落ちして家庭の妻となりました。いそいそと月見の支度をする姿は、夫の出世も重なって嬉(うれ)しげ。そんな一家のなごやかな様子が後の展開に生かされ、しみじみとした秋の味わいを感じる作品です。

**ここにも注目**

「引窓」とは、屋根部分に設けられた開閉式の明かり取りの窓のことで、屋内から紐で操作します。これが芝居に重要な意味を持ちます。引窓を開けて入ってきた月光を、与兵衛がわざと夜が明けたと解釈するのが最大の山場。「代官の役目は夜明けまで」と言って長五郎を逃がします。十五夜という設定の妙が際立つ作品です。

舞台装置活躍度

しみじみした情緒度

秋

# 秋の森に去る　狐の倫理観

## 人間以上に理性的

異形のものが人間に化けて恩返し—日本の民話の定番です。

芝居で恩返しといえば狐。『義経千本桜』の狐忠信が代表的ですが、女性の狐が活躍するのが『蘆屋道満大内鑑』。安倍保名に命を助けてもらった狐が、保名の死んだ恋人とうり二つの妹・葛の葉姫に化けて妻となり、子供をもうけます。

親子三人で幸福に暮らしているところへ、本物の葛の葉姫がやって来たため、狐はわが子を置いて去って行きます。前近代を思わせる「ほの暗さ」が特徴の芝居ですが、特筆すべきは狐の「倫理観」でしょう。

夫婦親子の別れに際して、獣の自分は、人間より愛着の本能が深いのが難儀だと言い、本物の葛の葉姫に対しても「化けさせてもらったおかげで幸福に暮らせたのだから、恩はあれど恨みはない」。わが子には「狐の子だからと人に笑われることのないように励め」「無用な殺生をするな」と、人間以上に潔くて理性的。この傾向は、狐忠信も同様です。

涙ながらに狐の葛の葉を止める保名も「狐を妻にしたといって、人にいくら笑われようが、自分は少しも恥ずかしくはない」と、見識も愛情もある態度。

狐の葛の葉が、障子に書き残す歌「恋しくば　たずね来てみよ　和泉なる　信太の森の　うらみ葛の葉」は、「会いたくなったら、自分のすみかである信太の森をたずねてほしい」という意味。葛の葉の裏がひるがえる様子をよんだ「裏見」と、去って行った自分を「恨み」に思わないでという気持ちを掛けており、教養もなかなか。この二人の子供が、著名な陰陽師（おんみょうじ）・後の安倍晴明です。

ここにも注目

女房になった狐・葛の葉と、本物の葛の葉姫は、一人二役の早替わりで見せ、後ろ向きで声だけを聞かせたり、窓から上半身だけを見せるなど数々の工夫があります。原作は文楽で、それに登場した奴の役により、文楽史上初の三人遣いが発明されました。恋人に死なれて狂った保名が踊る舞踊劇「保名」は、原作の前半部分から作られたものです。

古風なメルヘン度

ケレン度

秋

# 錦秋の蜘蛛の精

## 歴史に潜む意外な正体

妖怪バスターズ対不気味な蜘蛛の精！ 歌舞伎には、蜘蛛が登場する舞踊がけっこうあります。

バスターズのメンバーは、武将・源頼光をリーダーとする、坂田金時、渡辺綱、碓井貞光、卜部季武の四天王ら。いずれも平安期の武将です。

前半では、蜘蛛は人に化けているのが特徴。これは能「土蜘蛛」の演出がベースにあるためで、前半は仮の姿、後半で正体をあらわす構成。僧や美女に化けたシテ（主役）が頼光らの前にあらわれ、後半で見た目もキャラもガラリと変わるのがお約束。歌舞伎らしい変化に富み、古怪なスケール感や、シテらしい力量が求められる作品群です。「蜘蛛の拍子舞」もそのひとつで、美女に化けた蜘蛛が正体を見破られ、大立ち回りを演じます。

土蜘蛛は、昔から知られた妖怪ですが、意外な正体も指摘されています。当時の中央政権に抵抗する、地方の先住民という説がそれ。古来彼らは、たびたび征伐の対象になり、時代が下るにつれ、妖怪のイメージが定着。

史実でも源頼光は、四天王と共に先住民討伐に出かけています。以上を念頭に、頼光に退治される土蜘蛛を見ると、また別の感慨もわいてきます。

「蜘蛛の拍子舞」

正体をあらわした蜘蛛の精

**ここにも注目**

拍子舞とは、古くは踊り手が三味線に合わせて唄いながら踊る形式を指しました。それゆえ「蜘蛛の拍子舞」も、曲が非常に変化に富みリズミカルなのが特徴です。
三味線と鼓の音が激しく絡み合い、美女が蜘蛛の糸を振りまいて恐ろしい姿に変身。音もビジュアルも堪能できる作品です。

初心者おすすめ度

音と舞台の派手さ度

# 色づく峠で殺人劇

## 効果的な「早替わり」

腰の低いあんまとワイルドなスリ。『蔦紅葉宇都谷峠（つたもみじうつのやとうげ）』に登場する性格も風体も全く違うキャラは、主役が一人二役で演じ分けるのが鉄則です。

名劇作家・河竹黙阿弥が、個性派俳優・四代目市川小團次にあてて書き下ろしました。

二役を効果的に見せる演出が「早替（はやが）わり」。幕開きの旅籠（はたご）の場面で、日記をつける一人の商人。用事で部屋を出た途端、反対側の出入り口からあんまの文弥（ぶんや）が登場。商人からあっという間の変身です。

外見だけではなく、中身も全く別人になっているのがポイント。実直そうな商人の正体は、実は提婆（だいば）の仁三（にさ）というスリで、後でガラリと本性をあらわすため、一人三役という見方もできます。

寂しい夜の峠で、ふとした出来心をおこした同行の男に、文弥が殺される場面は、紅葉した蔦が盛り。暗いので色はよくわかりませんが、赤い血が飛び散る場面を題名から連想できるよう、黙阿弥が工夫しました。殺人の一部始終を隠れて見ている仁三と、瀕死の文弥と男がからむ場面では、早替わりもスピードアップ。物陰を利用して、文弥と仁三が素早く入れ替わりますが、実は背格好の似た役者が、同じ扮装をして替え玉になっており、これを「吹き替え」と呼んでいます。

あんまから
憎々しい盗賊へ
外見もキャラも
大変身

仁三

文弥

**ここにも注目**

飛び散った血が紅葉に見えるという発想は、舞踊劇「かさね」でも見られます。腰元・かさねが浪人・与右衛門に殺されますが、斬りつけられたかさねの、肩先からのぞく下着の紅葉柄が、血しぶきのよう。本作の殺し場と同様に、いずれも暗い場面なのがポイントで、紅葉にたくした血の色が鮮烈です。(143P)

変身の鮮やかさ度

心の移ろいやすさ度

# 月夜に舞う酒好きの妖精

## 格調高く酔っ払う「猩々」

お酒が生きがいの妖精の踊りが「猩々（しょうじょう）」。もともとは中国の伝説の霊獣で、海中に棲み、赤毛で子どもの声を持つとされました。日本には不老長寿の福を呼ぶ神として伝わり、同名の能から歌舞伎化。特徴的な衣裳の赤は、中国では目出（めで）たい色、日本では神が童心を持つ者に超能力を授ける「童心パワー」の象徴といえます。

酒売りの親孝行な若者が、月夜の晩、水辺で酒を用意して猩々を待っていると、濡れた髪を月光に光らせた猩々が、海中からこつ然と登場。酒を飲んで踊り、素直な若者の心をめでた後、汲（く）めどもつきない酒壺（つぼ）を与え、再び海の中へ去って行くという筋です。

キモは、能がルーツならではのすがすがしい格調と夢幻性。一番の注目は足遣いです。扇を持って片足で立つ猩々独特のポーズは、葦（あし）のゆれる水辺で、立ちのぼる酒の香気を確かめている姿。前髪をかざして月を見上げ、舞い始めてからは「乱れ」という、酒に酔った様子を見せるのが最大の見せ場です。変化に富んだリズムに乗って、つま先立ちで波に流されたり、波を蹴ったりして無邪気に戯れます。能の足遣いを歌舞伎化したものですが、名手が演じると、本当に水面を漂っているように見えます。

赤は猩々の色
まっ赤な
ショウジョウ
トンボの
語源でも
ある

衣裳
には
猩々が
好む
菊酒に
流水、
波に
ちなんだ
青海波（せいがいは）
の
模様が

**ここにも注目**

能がルーツである「石橋（しゃっきょう）もの」の獅子と同様に霊獣の一種で、頭の長い毛も共通点。童心と怪しさを合わせ持つ猩々は、五代目中村富十郎のような舞踊の名手にかかると、重力を感じさせない足取りや、神秘的な動きが見事でした。一人で踊る『寿猩々』と、二人で踊る『寿二人猩々』があります。

神秘的度

酒豪度

# 抱腹絶倒 鰯売りの戦物語

## 喜劇仕立てのメルヘン劇

『鰯売戀曳網（いわしうりこいのひきあみ）』は歌舞伎では珍しくハッピーエンドの喜劇。三島由紀夫の新作歌舞伎で、おとぎ話風の内容が歌舞伎の演出と見事にマッチ。鰯売りの猿源氏は、京の五条橋で傾城（けいせい）（最高位の遊女）・蛍火（ほたるび）を一目見て恋わずらい。心配した父親は猿源氏を偽の大名に仕立て、蛍火のいる高級遊廓に送りこみます。

注目は登場人物のキャラの面白さ。馴れない馬に乗って遊廓を訪れたものの、正体がばれないかとビクビクの猿源氏。酒宴で戦物語を所望され、やぶれかぶれで演じる場面も見どころ。伴奏の義太夫（ぎだゆう）に乗って、語りに登場する武将はタコや平目など魚介類づくしで、珍妙な身振りも抱腹絶倒です。

実は蛍火は元姫君でした。ある日、城外から聞こえてきた鰯売りの売り声にひかれ、城を出てさまよった末、遊女の身に。劇中で朋輩の遊女らと貝合わせで遊ぶ場面がありますが、上品な遊びに退屈した朋輩に嫌みを言われたりしています。

疲れて寝入った猿源氏の「猿源氏が鰯買うえい」という寝言の売り声を聞き、求める相手と知る蛍火。喜び夫婦となった二人は売り声をかけながら遊廓を後にします。初演は十七代中村勘三郎と六世中村歌右衛門。十八代勘三郎と玉三郎から、現中村屋兄弟に引き継がれています。

**ここにも注目**

恋わずらいの猿源氏のフニャフニャの売り声を「鰯が腐る」とどやしつける父・海老名なむあみだぶつの世慣れた様子が、息子とは対照的。
魚の戦物語は、源平合戦のひとつ・一ノ谷の戦いのパロディ。『椿説弓張月（ちんせつゆみはりづき）』などと同様、三島歌舞伎と呼ばれる作品群のひとつです。

初心者おすすめ度

明るいメルヘン度

# 南座の顔見世

## 古風な華やぎ伝える

京都の「顔見世」といえば、師走の古都のビッグイベント。

本来顔見世とは、年に一度、各劇場が、「今年はこの顔ぶれで芝居をします」と披露する興行を指しましたが、現代の京都南座のそれは、東西の役者が競演するオールスター祭。もっとも今は、関西系でも東京に拠点を置く役者さんが多いものの、豪華メンバーであることには違いありません。

古風な趣を残す南座の顔見世ですが、その代表的なものが、劇場正面にズラリと並ぶ「まねき」。出演者の名前を記した細長いヒノキ看板で、初日の開く数日前に徹夜で設置されます。顔見世開幕を告げる「まねき上げ」の行事は、関西では毎年大きく報じられ、関西人は、これを見ると「ああ、師走だな」と実感するのです。

花街も華を添えます。毎月意匠が変わる舞妓（まいこ）の花かんざしも、十二月は小さなまねき付き。無地のまねきに、ご贔屓の役者さんの楽屋を訪ねた際、名入れしてもらうのも、面白い習慣です。

ロビーにはズラリと「竹馬」が並びます。贔屓筋から役者さんへ贈られるご祝儀を披露する飾りで、竹製の馬の形からこの名があります。

正装した五つの花街の芸舞妓が、順番に日を決め、桟敷に居並んで見物する「総見」も、華やかそのもの。この日に切符を取れた観客は超ラッキー。

観客も負けてはいません。「京の着倒れ　大阪の食い倒れ」と言われますが、昔は顔見世のために一年間お小遣いをため、着飾って出掛けたもので、今にその華やぎを伝えています。

**ここにも注目**

現在の顔見世は、東京と名古屋でも行われています。江戸の顔見世は毎年11月に行われ「芝居国の正月」と呼ばれるほど、一番重要な興行でした。主だった俳優が顔を合わせ、当時は十日間ほどの短期公演がほとんどでしたが、上演される演目は華やかなものが中心でした。正義の味方が登場する演目『暫』をかけるのも慣習でした。

師走度

伝統度

# 寒空の追分節

## 「股旅物」の長谷川伸

歌舞伎に登場する渡世人。なかでも明治～昭和初期に書かれた新歌舞伎の主人公は、心意気を持った人物が多いのが特徴です。特に「股旅物」といって、各地を流浪し、義理人情に厚い一匹狼の生き方を描いた作品群は、当時一大ブームとなりました。

その火付け人は『一本刀土俵入』『沓掛時次郎』などの作者・長谷川伸。幼少期に親と別れ、生活のために工事現場や出前持ちをして働いた過酷な少年時代が、社会の底辺で生きる人々へのまなざしを養います。その経験は登場人物の設定にも生かされました。『一本刀～』のヒロインお蔦のモデルは、出前持ち時代に親切にされた遊女屋の女性とされます。

『沓掛～』の主人公・時次郎は、一宿一飯の義理の加勢でやむなく斬った博徒・三蔵の妻おきぬとその子を敵方から守りながら旅に出ます。中仙道の熊谷の裏通りで寒空の下、追分節を歌いながら日銭を稼ぐ姿に哀愁が漂います。長谷川は彼らのモデルを自著で「土木建設の下請け人だった父親の知人」としており、親交のあった博徒の境遇も参考にしたとか。時次郎は、三蔵の子を身ごもっていたおきぬへの想いを、最後まで胸に秘め通す一本気なキャラ。長谷川は出会った人々のなかに自分の理想を重ねていたのです。

おきぬの三味線で追分節を歌って歩き，日銭を稼ぐ時次郎

**ここにも注目**

長谷川の人気演目『一本刀土俵入』は、一文無しでさまよっていた力士の卵・茂兵衛が、酌婦のお蔦に櫛かんざしをめぐまれます。十年後、渡世人になった茂兵衛がお蔦に再会し、その危機を救うという物語。社会の底辺で生きる人々同士の情愛というテーマが共通しています。

しみじみ度

男気度

# 「すす竹売り」大高源吾

## 討ち入りへ希望の一句

年末の大掃除のルーツは「すす払い」。江戸時代は十二月十三日が江戸城のすす払いの日で、武家や町家も一年間にたまったほこりやすすを掃除しました。すす払い用の竹をかついで売り歩く「すす竹売り」は、年の瀬の風物詩。

『松浦の太鼓』では、俳人・宝井其角(きかく)が、すす竹売りに身をやつしている元門下生で、実は赤穂浪士である大高源吾に、雪の降り始めた両国橋で出会います。二人は史実でも俳諧の師と弟子です。

其角に仇討(あだう)ちの意思はないと語る源吾ですが、実は吉良邸討ち入りの準備のため、すす竹売りとなって屋敷内に入り、内部を偵察していました。立ち去ろうとする源吾に、「年の瀬や水の流れと人の身は」と、連句を投げかける其角。「あした待たるるその宝船」と応える源吾。翌日、大石内蔵助(くらのすけ)をリーダーとする赤穂浪士が吉良邸に討ち入ります。源吾の返した宝船とは討ち入りの暗喩で、長い苦難を乗り越えた大願の成就です。

討ち入りの前日という設定が、師走の情緒とあいまって効果的。そして誰の胸にも希望という名の宝船が存在するのでしょう。年の瀬になると見たくなる、後味のいい芝居です。

**ここにも注目**

戦前に作られた「新歌舞伎」のひとつ。赤穂事件をあつかった新歌舞伎は『元禄忠臣蔵』などがあります。主人公の松浦侯は、其角に師事する風流大名で、赤穂浪士に心を寄せている設定。松浦侯を初演し、秀山という俳号も持っていた初代中村吉右衛門は、高浜虚子の門人で、俳諧が出てくるこの演目がお気に入りだったそうです。

史実重視度
（隈取マーク1つ）

大願成就度
（隈取マーク3つ）

# 寒空の下の優美さ

## 『廓文章』の伊左衛門

はんなりと古風な上方情緒が凝縮された芝居が『廓文章』。舞台は師走の大坂で、勘当され落ちぶれた元若旦那・伊左衛門が、なじみの遊女・夕霧恋しさに新町の遊廓を訪れるというもの。上方歌舞伎の代表作で、伊左衛門の「腐っても鯛」的な優美さが眼目です。

寒空の下でまとっているのは「紙衣」という粗末な紙製の着物で「貧乏中」のサイン。遊廓の主人に袖をとられて言う「紙衣ざわりがあらい、あらい」という台詞が有名です。破れやすい紙衣をかばったり、門の内に入る時の柔らかな風情が、冒頭部のキモ。

伴奏の義太夫の詞章にも注目。「つかめば後に師走浪人」の「しわす」は、紙衣の皺にかけてあり、落ちぶれた境遇を浪人にたとえたもの。「昔は槍が迎え出る」は、武士なら槍持ちが迎え出るところを、「やり手」という遊廓の従業員に迎えられた昔を懐かしむ意味で、伊左衛門が扇で遊廓の門口を指す型も。「長刀の草履」は、履きつぶし長刀のように薄くなった草履で、これも扇で指したりします。

草履の鼻緒が切れ、主人から下駄を差し出されると、かぶっていた編笠をとり、元の若旦那に戻った気分で中に入る晴れ晴れとした様子が役の真骨頂。終盤に勘当がとけ夕霧を迎える展開も初春を待つ目出たさがあります。

**ここにも注目**

伊左衛門が花道から登場する時は「面明かり」といって、長い柄の先につけたろうそくの明かりで照らす古風な演出もあります。冒頭では遊廓の前で、お大尽客が餅つきをしている場面があります。これは暮れが押しつまってから行われていた大坂・新町の習慣を取り入れたもので、当時の師走の風情を伝えています。

上方情緒度

おぼっちゃま度

# 「藪入り」の楽しみ

## 定番は「曽我狂言」

江戸時代、商家や武家の奉公人の公休日は年二回。一月と七月の十六日がその日で「藪入り」（武家は宿下がり）といいました。

住み込みの奉公人は、主から着物や履き物、小遣いを与えられて実家に帰省しました。藪入りの大きな楽しみが初芝居です。一月は「曽我狂言」といって、曽我五郎・十郎兄弟が、父の敵・工藤祐経と対面し、後の敵討ちを誓う物語を上演するのが江戸歌舞伎のお約束。膨大なバリエーションがあったのを集大成して、今に残っているのが『寿曽我対面』です。

当時の川柳にも「嫁と娘の対面も宿下がり」という句があります。久しぶりに実家に宿下がりした武家奉公中の娘と、最近その家に嫁いできた嫁も初対面というわけです。

曽我狂言は、前述の基本設定をふまえて、毎年新作が作られました。江戸には官許の芝居小屋が三座あり、それぞれが曽我狂言を上演。「三か所で工藤をねらう日の長さ」という句からも、当時の初芝居の様子がわかります。

戦前まで藪入りの習慣は残っていましたが、映画など新しい娯楽の台頭で、藪入りのお目当ては、浅草・六区の劇場街に移り変わっていきました。

初春狂言の定番

『寿曽我対面』

豪華な祝祭劇

曽我兄弟の敵

工藤祐経

座頭級の役者が演じる

曽我五郎と十郎

**ここにも注目**

曽我対面は、歌舞伎の主な役柄がそろう演目で、一座する役者のポジションや、得意とする役柄が一目でわかります。
現在では襲名披露公演など、幹部クラスが多く出演する際にも上演されます。「助六」も曽我狂言のひとつで、江戸一番のイケメン・助六は、実は曽我五郎ということになっています。

トリビア度

伝統度

# 初春の吉原で

## 可愛さ満点の童女

おじさん俳優もあどけない童女に大変身！　それが舞踊「羽根の禿（かむろ）」。かむろの読み方にご注意を。

舞台は新春の吉原遊廓。幕開きで、大きな暖簾の陰から、ピョコンと顔をのぞかせる少女の愛らしさが印象的。禿とは、遊廓に住みこんで花魁（おいらん）の身の回りの世話をする十歳前後の童女。将来は遊女になるべく、作法や芸事も教育されています。花魁（高級遊女）になることを期待されている特別な少女であり、幼い頃から遊廓にいるため、「禿立ち」といって、色里（いろざと）のことは何でもわきまえてる将来のエリートです。

小さな女の子の可愛さを強調するのは、踊り手の技術に加え、大道具の工夫が大。名優・六代目尾上菊五郎が、ふくよかな身体を小さく見せるため、暖簾や門松を巨大にした演出が定番化しました。

普段は早起きの禿も、お正月は休みをもらえ、羽根突きをして遊びます。飛んだ羽根が門松の上にひっかかっているのを見つけ、重ねたぼっくりの上で背伸びをしながら羽子板でとるしぐさは、可愛さ満点。

そんな少女が「花魁に恋の初（しょ）わけや手管（てくだ）のわけも　教えさんした筆の綾（あや）　よう知ると思わんせ」などという詞章で、大人の世界を訳知り顔で踊るのも一興です。

大人の男性が
演じているとは
思えない
あどけなさ

のれんの
扇模様
も巨大

**ここにも注目**

身体を小さく見せるという六代目菊五郎の工夫は「藤娘」の巨大な藤でも同様です（148P）。「つくつくつくには羽根を突く　ひいふうみいよぉ〜」の詞章で羽根を突く振りつけでは、禿の成長していく過程を表現しています。
可愛さを強調する禿独特の髪型や髪飾り、着付けにも注目です。

大化け度

ほほえましさ度

冬

# 心浮き立つ新年の餅つき

## 詞章に子孫繁栄の願い

新年にふさわしい舞踊は、ほのぼのムードの中に意外な要素が？

「団子売(だんごうり)」は、新年の町にやって来た団子売の夫婦・お臼と杵造(きねぞう)が、仲良く餅をつき団子を作る、軽快でユーモラスな舞踊です。

注目はその詞章。「雪か花かの上白米を　痴話と手管でさらして挽(ひ)いて　情けでこねてしっぽりと～」は、まだ良いとして、夫婦で餅をつく時の「ととんが上からつきよはそこだよ　やれこりゃ良いこの団子ができたよ」で、餅をつく音の「ととん」は父の意味もあり、「つきこ」の語呂合わせで夫婦の営みを暗示。歌舞伎には、きわどい詞章も多いのです。「良い」と「この」は「良い子の」と続けて読むこともでき、夫婦和合、子孫繁栄の願いが込められています。

本作は『玉兎(たまうさぎ)』という風俗舞踊がルーツ。風俗とは、江戸の町の様子という意味。「お月様さえ嫁入(よめいり)をなさる　年はいくつえ　十三　七つえ～中略～ヤットきなさろせ　とこせ～」という一人踊りの部分は、義太夫のまったりしたテンポが心地よく、遠い昔に誘われるよう。

伸びやかムードの作品ですが、大変なのは笛の奏者。にぎやかな曲のため、上演中ずっと大きな音で吹き続けるのが重労働だそうです。

ここにも注目

杵は男性、臼は女性の象徴。二人が片袖を脱ぎ、ひょっとことおかめの面をつけて、アップテンポな伴奏に乗って踊る後半部分もユーモラスで、大いに盛り上がります。「そうだよ　高砂尾上の爺様と婆様がほうきを手に持ち～」という詞章で、老夫婦が幸せを集めるほうきで籠に枯れ松葉を集め、戻ろうとすると、夫婦の鶴や亀を見たという目出たい内容です。

夫婦和合度

R指定な歌詞度

冬

# 火事と喧嘩は江戸の花

## 演じる方も気分よく

世話物で、最も粋で威勢のいい役柄、それが鳶です。

建設現場で足場などを組む作業のほか、消火活動にかかわり、はんてん姿で纏を振る勇ましい姿は、庶民に人気でした。そんな鳶の「三大演目」と呼びたいのが「お祭り佐七」に、正月頃が舞台の「め組の喧嘩」と「加賀鳶」。

江戸市中には、大名家が抱える大名火消しと、町奉行が管轄する町火消しがありました。『盲長屋梅加賀鳶』、通称「加賀鳶」の序幕では、加賀藩の大名火消しが、町火消しとの喧嘩に出かけるために集まります。「め組の喧嘩」は、力士と鳶という、江戸の二大人気者の派手な大喧嘩を描いたもの。「お祭り佐七」は、芸者と鳶という、これまた江戸の粋を象徴するカップルが登場。

この他にも「弁天小僧」では、もめ事の仲裁に呼ばれるなど、町内の「頼れる頭」としても、よく登場しています。

いずれも男らしく威勢がいいのがお約束。「加賀鳶」で、勢揃いした鳶が、はんてんを肩にかつぎ、木やりを歌いながら一斉に引き上げていく姿は壮観で、スカッとするものです。

演じる側も同様らしく、「加賀鳶」を初演し、傑作と言われた五代目菊五郎は、縁者や弟子の火事見舞いにも、はんてん姿で駆けつけたとか。弟子が燗酒で迎えると不満顔で、土間に立ったまま「冷酒と、肴は厚切りのたくあんを手にのせてくれればいい」と、どこまでも鳶になりきっているのが面白いです。

そんな家の芸である鳶の役を得意にしていた六代目菊五郎の告別式にも、東京中から鳶職の役員たちが集まり、はんてん姿で木やりを歌ったといいます。

「加賀鳶」序幕

まさかり型のまげに革羽織.
雲に稲妻模様の長はんてんという
いなせでおしゃれな正装姿

## ここにも注目

「加賀鳶」はこの序幕の後、強欲なあんま・道玄の物語となり、筋としてはこちらがメインとなります。道玄の悪事を鳶の頭・松蔵があばくのですが、序幕には松蔵と共に梅吉という頭が登場します。粋な梅吉と、薄汚くもユーモラスな道玄は、基本的には同じ役者が演じ、その変わりぶりも注目です。

庶民の生き生き度

江戸風俗考証度

# 「封印切」と戎小判

## 偽金と挑発され…

「商売繁盛で笹持ってこい！」のはやし声が飛び交う十日戎（えびす）。七福神の一神・えびす様に、商売繁盛や家内安全を願う祭事で、上方ではよく知られた行事です。特に「えべっさん」で知られる、大阪の今宮戎神社のものが有名です。一月十日が大祭で、笹に作り物の小判や鯛などの縁起物をつけてもらった福笹を、福娘から受け取ります。

その小判が劇中の台詞に登場するのが「封印切」（『恋飛脚大和往来（こいのたよりやまとおうらい）』）。飛脚屋（銀行と郵便局の機能を持つ）の養子・忠兵衛は、言い交わした遊女・梅川を、友人の八右衛門に身請けされそうになり口論に。「自分も金を持っている」と、預かり金の為替の金包みを見せ、火鉢の縁で叩いて小判の音を聞かせます。

八右衛門は「それは戎小判だろう、本物なら中身を見せろ」と挑発。戎小判、つまり偽金だとあざけっているわけです。カッとなった忠兵衛は、金包みの封印を切ってみせ、公金横領の大罪を犯します。

面白いのが封印の切り方。中村鴈治郎系は、八右衛門に突き飛ばされたはずみで切れますが、片岡仁左衛門系は、梅川の泣き声を聞いた後、自分の意志で切ります。役のニュアンスも微妙に変わります。

十日戎の福笹

戎小判

為替の金の封印を切り公金横領をする忠兵衛

**ここにも注目**

冒頭では梅川のもとに急ぐ忠兵衛の「梶原源太は俺かしらん」という自画自賛の台詞。梶原源太は鎌倉期の色男で、ここは大坂男独特の愛嬌を見せる大事な「つかみ」です。「和事」という様式で演じられ、恋愛モードの「じゃらじゃらした」美男子の役柄。優男がじょじょに激昂していく様子に緊迫感が漂います。

うぬぼれ度

流されやすさ度

# 雪にはえる人形ぶり

## 舞踊「櫓のお七」

人が人形になりきって演じる「人形ぶり」。最も有名なのが、舞踊「櫓のお七」（『松竹梅雪曙』）。人形なので、まばたきもせず、目線も動かしません。

お七は、江戸時代に実在した少女。恋した相手に会いたい一心で、真冬に放火事件を起こします。その人物像は、さまざまな文芸や芸能のモチーフになっています。

本作は人形浄瑠璃（文楽）がルーツで、一部を人形ぶりで演じます。人形遣い役の後見二人と、実際の人形遣いの足音を真似る「足踏み役」の黒衣が演技をサポート。降りしきる雪のなか、お七が火の見櫓に登り、火事を知らせる太鼓をたたくという筋立です。

文楽の人形は、目線と指さす手が、必ず同方向を向きますが、人形ぶりも同様です。

女の人形には足がありませんが、本作では着物の裾裏につけた紐に足指を結び、極力足先を見せない工夫がされています。また、人形は腕を見せない仕組みで、曲がった指が袖口からのぞいていますが、本作では袖口につけた輪に親指をひっかけ、腕を出さずに人形らしさを演出。反対にユラユラ頭を揺らす演技は、滑らかな動きを追求する文楽では見られないもので、人形らしく見せる誇張です。

「櫓のお七」

黒衣姿の後見が
二人がかりで
持ち上げたり横抱き
にしたり
して
サポート

**ここにも注目**

「八百屋お七」から想起された歌舞伎作品には「三人吉三」、『松竹梅湯島掛額』などがあり、いずれも火の見櫓が登場します。歌舞伎舞踊の場合は、前半は黄八丈という江戸当時流行した着物、火の見櫓に登る後半では段鹿の子という、赤と水色の段模様の鹿の子絞りを着るのが定番です。

初心者おすすめ度

トリビア度

# 貧苦にふるえる元士族

## 哀れさ増す三味線の効果

歌舞伎で活躍する三味線の効果音。同じ曲でも使われ方で、芝居の印象もガラリと変わります。

たとえば「佃節」。隅田川など水辺の場面の定番で、川遊びの舟で芸者が弾いたのがルーツ。チャラリチャラリチャン……という軽快な音色は、川面を吹き渡る風を連想させます。

つけられる詞章も「吹けよ川風　上がれよ簾（すだれ）　中の小唄の顔見たや」という粋なもの。「髪結新三」・〈永代橋川端〉の場で、小悪党の新三が、手代を足蹴にして、さっそうと立ち去る時に使われますが、曲調とキャラ、初夏の季節感があいまって爽快さ満点。

それと同じ曲が「筆屋幸兵衛」（『水天宮利生深川（すいてんぐうめぐみのふかがわ）』）でも使われています。貧苦にあえぐ主人公・幸兵衛の隣家から聞こえてくるという設定。幸兵衛は明治維新で変化した世の中の流れに乗りきれず、転落してしまった元武士。妻を亡くして二人の娘と、筆作りの内職で細々と命をつないでいます。裕福な隣家が、新年の祝いに浄瑠璃語りを呼んで唱（うた）わせているのですが、幸兵衛は「同じ世の人なれど、盛衰と貧富はこうも違うものか」。

陽気な曲調が、かえって幸兵衛の絶望を強調して効果的な上、観客の耳にも、場面の暗さを一瞬忘れさせるように快く響く。そのタイミングも絶妙です。

いなせな小悪党の
新三（左）と
貧苦にあえぐ幸兵衛（下）

全く違う
作品の
（作者は同じ）
真逆のキャラ
だが同じ
効果音で
盛り上げる

**ここにも注目**

どちらも名劇作家・河竹黙阿弥の作。「髪結新三」は江戸の小悪党が主人公ですが、「筆屋幸兵衛」は、文明開化で落ちぶれた元士族が主人公。

何から何まで対照的な作品ですが、両方とも明治になって書かれ、江戸期と明治のその当時の風俗などが巧みに描写されている点は同じです。（48P）

| トリビア度 |
|---|
| キャラの違い度 |

# 「四千両」のおでん

## 江戸の市井 リアルに

「おでんやおでん、甘いと辛い」。寒い夜におでん屋の呼び声が響くのが『四千両小判梅葉』。江戸期に実際に起きた江戸城の御金蔵破りが題材です。犯人の浪人・藤岡藤十郎と無宿者の富蔵の二人組は捕らえられ、伝馬町の牢獄送りとなります。作者の河竹黙阿弥は詳細な取材から、一般にはうかがい知れない牢内の様子を実録風に再現、評判となりました。

　四谷のお堀端で二人が出会う冒頭で富蔵のおでん屋が登場。当時のおでんは串刺しの里芋やこんにゃくを湯で温め、味噌だれをつける田楽式。味噌も甘辛二種から選べ、湯で酒も温めました。戦前の名優・六代目菊五郎は自身の初演時に、具に味噌をつけるのが意外と難しく、本職に教わろうとしたものの夏場で見つからず、出入りの仕出屋に教わったそうです。呼び声は「おでんやおでん」と「おでん燗酒」の二種のやり方があり、菊五郎はさみしい響きが良いと前者を採用。味噌の味をほめられた富蔵の台詞「永代の乳熊まで、わざわざ俺が買いに行くのだ」の乳熊は、現在もある「ちくま味噌」。実在の店を台詞にとりこんで芝居にリアルさを出す工夫です。

　周囲が藤十郎の失言に気づかないよう、富蔵が呼び声でごまかす呼吸にも注目です。

ここにも注目

時代劇などで目にする牢内の様子は、この作品がルーツ。積み上げた畳の上にどっかりと座る牢名主や、新入りを「地獄の沙汰も金しだい」と脅して、金品を取り上げる様子などが詳細に描かれています。黙阿弥が明治になって書いた作品なので、幕府への遠慮もなくなり、江戸当時の牢内のしきたりなど、リアルな表現が可能になりました。

トリビア度

上演のレアさ度

## 粋な男の定番アイテム
# 豆絞りの手ぬぐい

芝居によく登場する「豆絞り」の手ぬぐい。白地に小さな藍色の丸形を一面に染めた柄は、シンプルながらも洒脱（しゃだつ）で、粋な男性の定番アイテムです。〈すし屋〉の権太や「切られ与三（よさ）」の与三郎、〈そば屋〉の直次郎など、これ無しではさまにならない役も多く、もはやキャラデザインの一部と言っても過言ではないでしょう。

舞台に登場する豆絞りを観察すると、面白いことに気づきます。丸形の配置が整然としておらず、運針の跡のような感じです。丸の大きさも不規則で、周囲がにじんだようになっています。これこそ大量生産のプリントではなく、人の手で染められた豆絞りの特徴であり、「本物」を使うことで、役者さんの気分も高まるのです。

江戸時代から作られており、小さな豆が連なるような柄には、子孫繁栄の願いも込められています。いったん製法が途絶えていたのが戦後に復活しました。「板締め」という特殊な技術を用い、生産数も希少ですが、美しい藍の色合いやふぞろいな丸形に何ともいえない味わいがあります。

他にも「お染の七役」の無頼漢・鬼門の喜兵衛などが用います。幕末の役者絵を見ると前述した豆絞りの特徴がよくわかり、手ぬぐいひとつにも伝統が受け継がれているのが歌舞伎の面白さです。

# 第二幕

# お江戸歌舞伎バーチャル見物記

# 毎日がお祭りの芝居町

江戸時代は、幕府公認の「江戸三座」と呼ばれる中村座、市村座、森田座が、正規の歌舞伎興行権を独占していました。三座を中心に成り立った町は「芝居町」と呼ばれ、江戸の一大歓楽街でした。現在の日本橋などから、天保期には浅草に移転し、幕末まで栄えました。江戸時代にタイムスリップした気分で「バーチャル芝居見物」としゃれこんでみましょう。

## 前夜からウキウキ！

たとえば裕福な商家。芝居見物の前夜から家じゅうがソワソワしています。娘たちなどは夜半に何度も床から起き出して、化粧部屋に行っている様子。やがて朝四時ごろになると、女性陣は着物や帯の支度に大騒ぎ。おつきの人たちの支度もできると、皆で屋根船に乗り込んで芝居町へと繰り出します。

当時の芝居町の様子（現・日本橋付近）
手前が中村座
奥が市村座

芝居町に着くと、粋な身なりの芝居茶屋の衆が、熟練のホテルマンよろしく「ごきげんよう」と手をとって、下にもおかない丁寧さでお出迎え。芝居茶屋とは、上等の観客のケア全般を担う茶屋で、座席の手配や、茶屋での飲食や休憩、芝居小屋での食事の世話などをまかなっていました。

## 年中お祭りのテーマパーク

芝居町には芝居小屋の他にも、芝居茶屋や操り人形の小屋、関係者の住居が集まっています。江戸三座の屋根に掲げられた座紋つきの「櫓（やぐら）」は官許（かんきょ）の証。酒樽や大きな菓子箱や米俵など「積み物」と呼ばれるご贔屓（ひいき）からの贈り物も小屋前に山と積まれ、木戸

声色も巧みで
大人気の
木戸芸者

（出入り口）の前では「木戸芸者」と呼ばれる二人の呼び込みが、役者の声色で芝居の内容を紹介することも。面白おかしいやりとりは江戸の人々に大人気。芝居見物をしない人も自由に見られるため、小屋の前には人だかりができています。鳴り物の響きも加わって、実に賑やかです。

## 充実の芝居茶屋

江戸期の芝居は、早朝から夕刻までの一回興行。各小屋では別々の芝居がかけられています。小屋の内外は、当時贅沢品だった無数の提灯で照らされ、小屋の外側は美しく工夫された大小の看板でにぎにぎしく飾られて、町全体にウキウキした気分がみなぎっています。

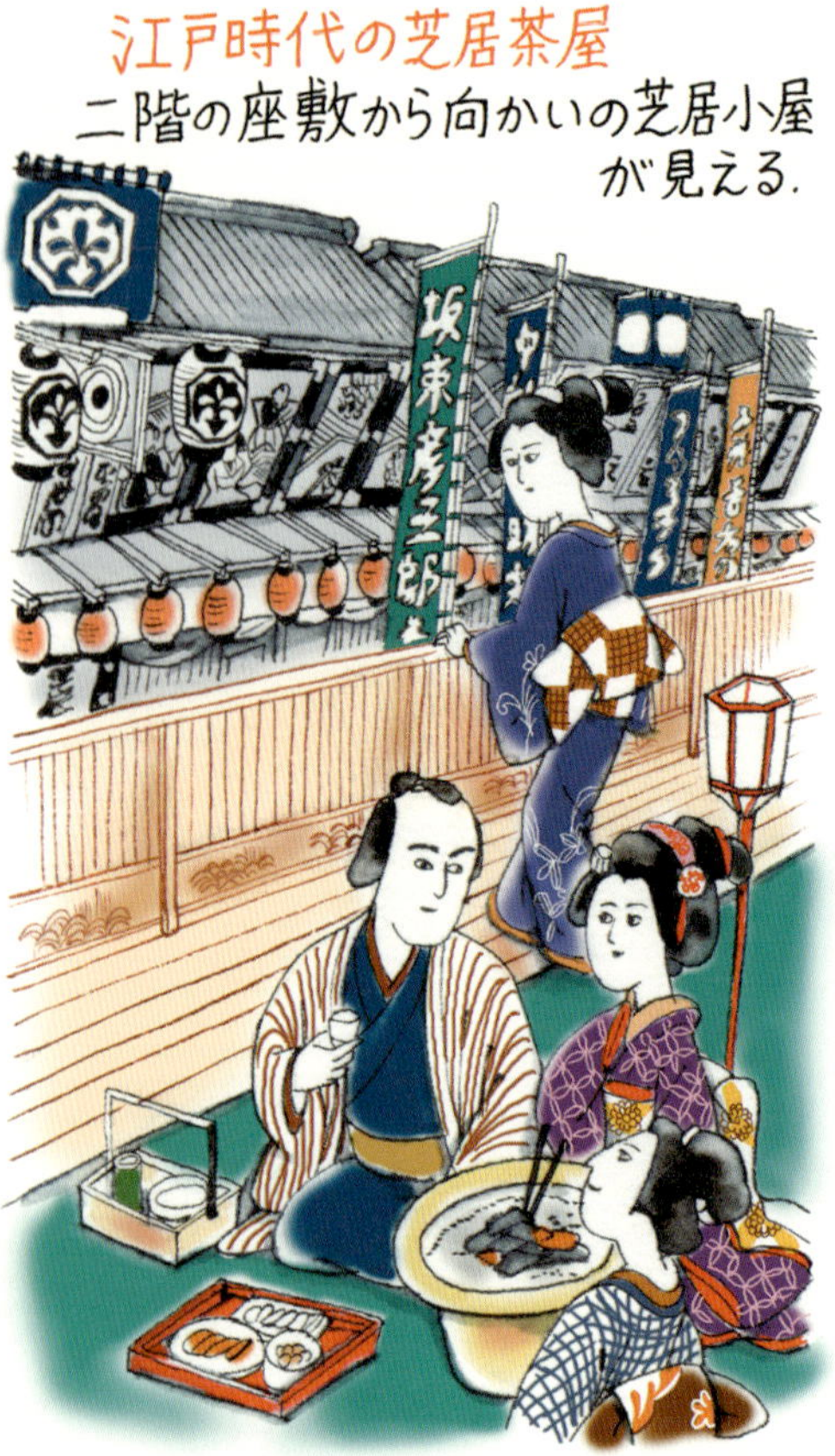

江戸時代の芝居茶屋
二階の座敷から向かいの芝居小屋が見える.

そして芝居町ならではの存在が「芝居茶屋」。通りにズラリと並んだ暖簾（のれん）がけの建物がそれで、幕間（まくあい）に顧客が休憩したり、着替えの場所にもなりました。そのためVIPは、一日中小屋の中で過ごすことはありません。芝居茶屋は終演後の宴会の場にも使われ、贔屓の役者を呼ぶこともできました。

## VIPは特別待遇

芝居町についた上客は、まずは芝居茶屋に案内され、それぞれの部屋でお茶などを飲みながら休憩。やがてカチーン、カチーンという柝の音が聞こえて来ます。「時がまいりましたから、ご案内いたします」と茶屋の衆が迎えに来て、茶屋内には何組もの客がいるはずなのに、混雑する気配もなく、とてもスマートに誘導されます。

茶屋から芝居小屋への行き来には専用の履き物を使い、これが通行証にもなります。VIPのステータスシンボルのようなもので、雨天時には焼き印入りの下駄と傘になりました。履き物を履く時も自分で履く必要はなく、茶屋の衆が身をかがめて履かせてくれるという徹底ぶりで、何から何までサービスが行き届いています。芝居小屋に入る時も、一般客のように正面の木戸口からではなく、脇にある桟敷口（桟敷席の上客専用の入り口）から入ります。

## プライドをくすぐる桟敷席

桟敷席は、小屋の左右両側の上段に、二層設けられた上客用の席。一般席より一段高く作られた板敷きの席で、人数分ごとに区切られていました。桟敷の手すりにかけられる赤いもうせんは、茶屋がかりの上客のシンボルで、VIPの見栄をくすぐるもの。桟敷そのものの値段も高額ですが、そこに陣取るまでに、芝居茶屋に支払う経費も大変なものでした。桟敷から下階の平土間に詰め込まれた一般客を「上から目線」で見た「桟敷から人を汚いものに見る」という古川柳も残っています。

桟敷には、芝居茶屋から頃合いを見計らってお茶やお菓子、果物や寿司などが次々に届けられ、みな自由に飲み食いしています。熱気のこもった空間では、天然のペットボトルとも言えるみかんも欠かせません。さらに昼食時にはまた芝居茶屋に戻り、休憩しながら茶屋の用意した食事をとります。

桟敷には刺身や酒も届けられる

## 何度も着替える女性客

「桟敷の小町七度も着かえてる」は当時の古川柳。あるときは粋な芸者風、あるときは御殿女中風と、一日に何回も着替えて、すました顔で桟敷に座っている女性も。よく目立つこの席は「人に見られる席」でもあるのです。着替えは幕間ごとに芝居茶屋に

### 江戸時代の桟敷の様子

桟敷の前にかけられた緋（ひ）もうせんは芝居茶屋がかりの上客の証し

若衆が手にしているのは役割番付という当時のパンフレットのようなもの

戻って行い、まるで役者に自分の姿を見せに来ているかのよう。華やかな舞台に負けじと、観客も粋をつくしたお洒落をして競い合っています。暑い時期などは、彼女らがあおぐ金銀やぼかしの扇子が、劇場中にひらひらとする様子も美しいながめです。

## 舞台との一体感にビックリ

芝居の見物中にも驚くことがたくさん！　見物席の真ん中が、まっ二つに割れて太鼓橋がせり上がり、

その上をしずしずと美しい行列が渡っていくような大仕掛けも。そうかと思えば、天井から吊り下げられた役者が空中を飛んだり、観客の頭上で空中サーカスもどきの斬り合いも始まります。

正面の舞台の上だけで芝居が進んでいるのでなく、芝居小屋全体があるときは深山、あるときは谷底などになり、客席がその中にあるかのような気分にさせられるのです。

## 舞台の上にも観客席？

上演中の舞台を見ると、下手（向かって左）の奥にも観客席があります。これは「羅漢台」という特設席で、正面からだと五百羅漢が並んでいるように見えるのが語源。大入り時に仮設される安価な席ですが、幕が引かれると、もちろん客も一緒に幕の内側に入ってしまいます。それでこんな川柳も作られました。「次に出る役者を羅漢知っている」。ちなみ

にこの席の二階は「吉野」と呼ばれていました。「吉野山」などの演目のときに、舞台天井から吊られる桜の吊り枝から近いことからの命名です。

もっと大入りの時は、客席に入りきらない観客を、どんどん舞台に上げていました。「見物と役者と並ぶ大当たり」という川柳も残っています。このような習慣は戦前まで続いていたというからビックリですね。「大当たり一坪ほどで所作をする」。これは客で埋まった舞台の、ごく狭い空間で演技をする様子。ここまでくると役者も本望でしょう。

## 一般席の光景

高級な桟敷席ではなく、一般用の一階席を「平土間」と呼びます。客席の最も多くを占めるのが、木材で四角く区切られた複数の「枡(ます)」の指定席。枡の定員は七人で、枡単位で売られるのが基本です。大入りの光景を表現した川柳に「大当たり枡にぎっしり八つ頭」というものがあります。定員オーバーで八人となった枡が窮屈そうですが、平時には四人で一枡を「大人買い」して、ゆったり酒食を楽しむグループもいました。

江戸時代の平土間

枡で仕切られた客席。
当時の芝居見物は一日がかり。
飲食を楽しむ人も多く
料理の大皿を運ぶ人もいた。

## 庶民の楽しみは「かべす」

一階の下手には花道がありますが、上手にも「あゆみ」という仮花道があり、上演中に役者が通るほかに、観客が客席へ移動するときにも使われます。

また、菓子や飲食物の売り子も客席を回っています。この席の客たちのお楽しみが「かべす」。菓子、弁当、寿司のそれぞれの頭文字でできた総称で、一階平土間の客を「かべすの客」と呼びました。

菓子はういろうや饅頭が人気。水菓子と呼ばれる果物もあり、ここでもみかんが好まれています。お行儀の悪い客が、美女のいる場所をめがけて、みかんの皮を飛ばしていることも。弁当は重箱の中に焼き目をつけた十個程度の握り飯に、おかずは卵焼き、こんにゃくの煮物、焼き豆腐、かまぼこ、かんぴょうが定番。芝居見物は朝六時ごろから夕方五時ごろまで、一日がかりの行楽のようなもの。観客は飲食やお酒を楽しみながら、見物を楽しむのです。

# お江戸の名優選りすぐり

江戸時代はどんな役者さんが活躍していたのでしょう。当時の人たちを熱狂させ、今でもその名が伝わる名優たちのごく一部を紹介します。

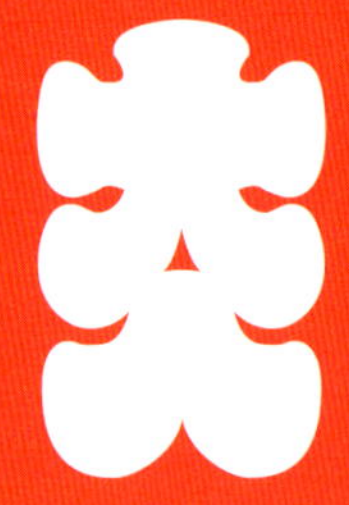

## 初代 中村富十郎
NAKAMURA TOMIJYURO
（1719～1786）天王寺屋

### 空前絶後の人気女形

七十歳近くなっても若々しかった舞踊の天才で、大曲『京鹿子娘道成寺』を完成させました。名女形の一家の三男として上方に誕生。スラリとした長身と上品な美貌をそなえ、おっとりと愛嬌のある性格で、誰にでも愛されたといいます。生涯を通じて日本各地で興行し、市川團十郎にも引けをとらない荒事も見事に演じ、江戸っ子を驚かせました。女形としては歌舞伎史上初の座頭にもなりました。

初代
# 中村仲蔵
NAKAMURA NAKAZO
（1736〜1790）堺屋

## 工夫と努力でトップスターに

門閥外の出身ながら、舞踊と芝居の名人と呼ばれました。一時は役者を廃業し、復帰後はブランクに苦しみ、同業者からも壮絶ないじめを受け、自殺を考えるも一念発起して、芸を磨きました。『仮名手本忠臣蔵』・〈五段目〉の斧定九郎を、それまでのもっさりした山賊姿から、現行のニヒルな浪人姿に変更して演じ、大評判に。一代でその名を大名跡にした生涯は、落語や小説の題材にもなっています。

五代目幸四郎の
「先代萩」仁木弾正

幸四郎の定紋である四つ花菱は
現在も衣装にデザインされている

五代目
# 松本幸四郎
MATSUMOTO KOSHIRO
（1764〜1838）高麗屋

## 「鼻高」役者絵も横顔多し

「実悪」というスケールの大きいリアルな悪人役で一世を風靡。別名を「鼻高幸四郎」といい、高い鼻を強調するために考案された横向きの見得が、型となって現在に伝わっています。『伽羅先代萩』の仁木弾正や『義経千本桜』のいがみの権太なども当たり役で、これらの役はリスペクトを込めて、彼の特徴であった眉尻のホクロをつけるのも型となっています。

三代目
# 尾上菊五郎
ONOE KIKUGORO
（1784～1849）音羽屋

## 話題満載のイケメン役者

一代で尾上菊五郎の名跡を、江戸を代表する大看板に。鶴屋南北と組み「四谷怪談」を初演。今に至るさまざまな仕掛けも考案。立役から女形までこなせる演技力に加え、美貌の持ち主で、楽屋で鏡を見ながら「どうして俺はこんなにいい男なんだろう」とつぶやくと、居合わせた人々は、もっともだと納得したそうです。人気絶頂期で引退を表明後、大川橋蔵の名でも舞台に復活しました。

七代目
## 市川團十郎
ICHIKAWA DANJURO
（1791〜1859）成田屋

### 豪放磊落な「帝王」

「荒事芸」を看板とする市川家を担い、江戸末期に活躍。長男の海老蔵に八代目を譲り、自らは海老蔵に改名し、家の芸「歌舞伎十八番」を制定。十八番のひとつ『景清』で、本物の鎧(よろい)を使うなど、派手なふるまいが幕府の奢侈(しゃし)禁止令に触れ、江戸を追放に。上方に活動の拠点を移しますが、市川家の「中興の祖」です。対照的に真面目な八代目は、美男で大人気でしたが、大坂で謎の自死をとげています。

四代目

# 市川小團次

ICHIKAWA KODANJI

(1812〜1866)高島屋

## 幕末の怪優

小柄で「鬼瓦」と揶揄(やゆ)されたように、容貌も声もいまひとつでしたが、持ち前の運動神経と研究熱心さを武器に芸を磨き、人気者に。江戸育ちですが、大坂で修業し、役者にとって重要な義太夫の素養と、ケレンと言われる奇抜で軽業的な演技を身につけました。名劇作家の河竹黙阿弥と組み、しがない泥棒を主人公にした「白浪物」というジャンルを確立。江戸歌舞伎の総本山・市川宗家の後見人にまで上りつめました。

三代目
# 澤村田之助
SAWAMURA TANOSUKE
（1845〜1878）紀伊國屋

## 江戸最後の天才女形

美貌と美声、天才的なうまさにめぐまれ、十六歳という異例の若さで立女形（トップの女形）に。最盛期には、その名を冠した化粧品などの関連商品が飛ぶように売れたといいます。舞台の事故で足を負傷し、脱疽（だっそ）という壊死（えし）状態に。米国人医師・ヘボン博士の執刀で片足を切断後、明治以降も大道具を工夫して舞台に立ち続け、病の進行で両足と両手の一部を失いながらも、ヒットを連発しました。

宙乗りの歴史

# 江戸時代からの仕掛け

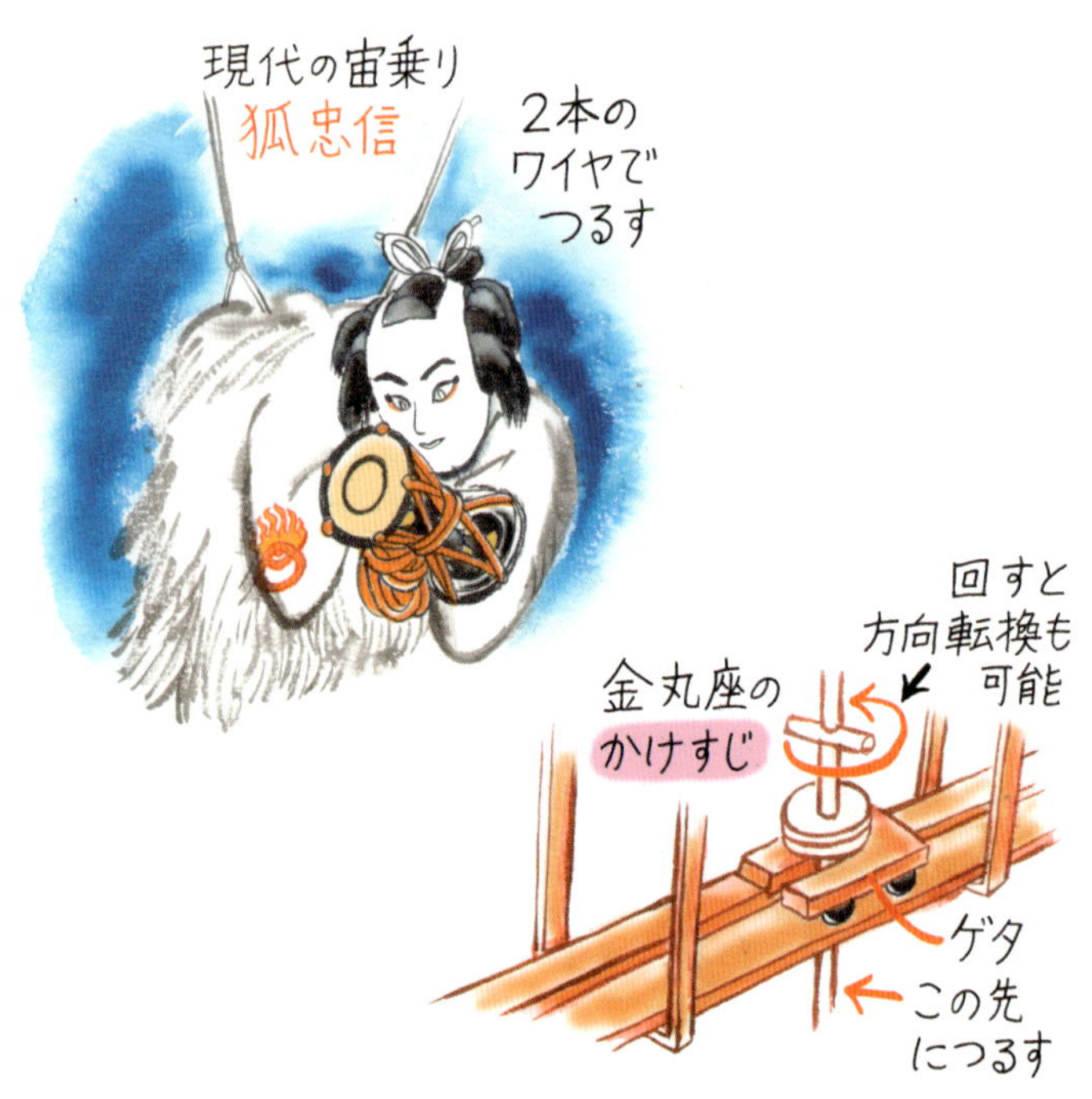


今や、すっかりおなじみの「宙乗り」。舞台や花道の上を、役者が空中移動する演出です。昭和に二代目市川猿翁が『義経千本桜』四の切の、狐忠信(きつね)の引っ込みで復活させて以来、広く知られるようになりましたが、意外にその歴史は古く、江戸時代からあります。

江戸時代の宙乗りの仕組みとは？　こんぴら歌舞伎で知られる香川県の金丸座は、現存する最古の芝居小屋。江戸時代（1835 年）に建てられたの小屋を、平成に大改修した時、宙乗り装置の遺構が発見されました。「かけすじ」とよばれる木製のレールのようなもので、花道の真上に作られていました。細長い板の上を移動する、滑車つきのゲタに通された心棒を回転させることで、宙乗り中の方向転換も可能にしています。

当初は何の遺構か謎でしたが、詳細な調査の結果、かけすじと判明。この発見は、改修の指揮をとった専門家の尽力の賜物(たまもの)でした。また尾上多見蔵という、江戸末期に活躍した役者の錦絵もヒントになりました。上方出身の多見蔵は、ケレンで評判をとった役者。絵には宙乗りする多見蔵と共に、かけすじも描かれていました。復元されたかけすじは、実際に芝居で使われ、こんぴら歌舞伎の古風な宙乗りとして知られています。

第幕

# 舞台をいろどる植物図鑑

# 役者絵が語るブーム お江戸は世界有数の園芸都市だった！

当時の江戸は世界有数の園芸都市で、そのルーツを作ったのは実は武士。園芸文化は中国からの影響が大きく、室町時代から上流階級のあいだには盆栽が流行し、江戸期には将軍家も園芸に凝りました。武家の次男、三男坊が内職として屋敷内で栽培することも多く、それが庶民にも広がりました。

江戸当時の役者絵からもその人気ぶりがわかります。右の絵は歌川国貞の「四季花くらべの内　秋」。神社で行われた盆栽市の様子を描いたもので、背景には万年青（おもと）や菊が見えます。中央の男性は人気役者・八代目市川團十郎という見立て。手にした紙入れの三筋模様と、着物の升の柄が團十郎家ゆかりものなので、そうとわかります。左の女形は初代坂東しうかで、鎖の先の根付けは坂東家の紋「花かつみ」。右は三代目岩井条三郎で、うちわの杜若（かきつばた）は岩井家に縁の深い模様。役者と園芸の組合わせは江戸好みといえます。

歌舞伎に登場する植物は、植木鉢のようなリアルなものから、衣裳の柄や装飾品、役者が手にする枝や背景画など、多彩な表現があります。景画の固定化しているようでも、背景画の桜の微妙な色合いや、衣裳の柄の位置や大きさなどは、演じる役者の好みも反映されます。洗練された数々の植物文様は、和のデザインのデータベースとも言え、役者の家の紋も植物が多いのが特徴です。

## 巨大な暖簾？

「助六」「弁天小僧」などの吊り桜

舞台の上、横一列に吊り下げられる造花の桜。華やかさを演出する「吊り枝」の一種で、梅や紅葉などもある。かなりの長さがあるが、桜は構造上、からまりやすいため、設置前に大道具方がほぐす。

## 実は毎回違います

「道成寺」などの背景

よく吊り桜とセットで使われる。桜の色合いは劇場によって微妙に違い、主演俳優の好みが建物の位置や大きさなどにも反映される。

## 期間限定の眺め

「助六」「籠釣瓶」などの立ち木

作り物の幹に、造花つきの枝を打ちつけてある。江戸当時の吉原では、春になると桜を往来に移植して飾る習慣があった。

## 御殿の象徴

『妹背山婦女庭訓（いもせやまおんなていきん）』〈御殿〉などの花丸

時代物の館などを飾る季節の草花文様。桜の花丸は葉が茶色いものが多いが、舞台ではより桜らしく見える。日本古来の山桜の葉も茶色が多く、ソメイヨシノは江戸時代にはなかった。

## 雪輪文様

「金閣寺」雪姫の衣裳

雪輪は雪の結晶を図案化したもの。散るという共通のイメージから、桜と雪は相性が良く、昔からポピュラーな組み合わせ。

## はかなさの暗示

『菅原伝授手習鑑（すがわらでんじゅてならいかがみ）』〈賀の祝〉の桜丸

松、梅、桜にちなんだ名を持つ三つ子が登場する本作で、桜丸だけが命を落とす。散る桜を連想させる衣裳。

# 「金閣寺」の桜

## 難役　幻想的な演出

ファンタジックな桜の芝居といえば「金閣寺」（『祇園祭礼信仰記』）。画家・雪舟の孫である美しい雪姫が、天下を狙う大悪人・松永大膳（まつながだいぜん）に横恋慕された上に、秘伝の絵を描くよう迫られます。しかし姫は拒み、大膳は彼女を桜の木に縛りつけます。

雪姫は時代物の姫役のなかで至難とされる「三姫」の一人ですが、他二役と違い、彼女のみ人妻で身分も低めという設定。過去には銭湯でサービスもしていたという経歴の持ち主です。他二役は赤い着物ですが、雪姫はピンク色の着物。縛られて一人になった姫が、つもった桜の花びらを足先でかき集め、ねずみの絵を描く「爪先ねずみ」の場面は、着物の色にも似合ったエロスを感じさせます。不自由な身体で義太夫の伴奏にのった動きを見せるのが難しく、人形ぶりという文楽人形の動きをまねる演じ方もあります。

姫が描いた二匹の白ねずみが生きて現れる奇跡がおこり、その縄を食い切る場面は、幼少の雪舟が縛られた時、床に涙で描いたねずみが生きて見えたという伝説をふまえたもの。縛られて身をよじる美女の上に降り注ぐ桜の花びら、そして黒衣（くろご）が棒の先につけて操っていたねずみが縄を食い切ると、その背中がパカリと二つに割れ、中から桜の花びらが舞い散って消え去るという演出も夢幻的です。

「金閣寺」
桜吹雪をあびる雪姫の見せ場
縄を食い切るねずみにも注目!

# 松

## 名脇役の枝

「俊寛」

クーデターが失敗し、仲間と島流しにされた元・僧侶の俊寛。赦免の船が訪れるが、都に残した愛妻が殺されたことを聞かされ、絶海の孤島に一人残る覚悟を決める。岩に登って船を見送るが、思わず取りすがってポキリと折れる松の枝が、煩悩を捨てきれない心のうちを表現。

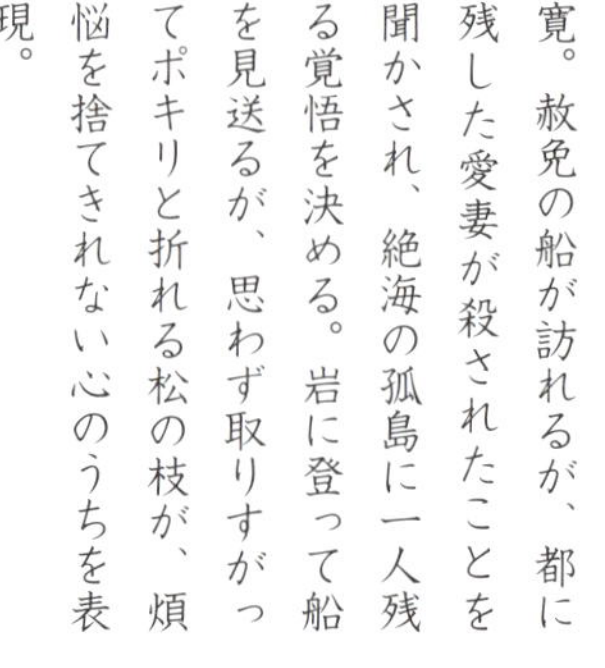

## 耐え忍ぶ模様

『菅原伝授手習鑑』〈寺子屋〉の松王丸

恩ある菅丞相（かんしょうじょう）（菅原道真）のため、世間や家族にも本心を隠して敵方につき、わが子を犠牲にする悲劇に見舞われる。「雪持ち松」の柄は、苦難を耐え忍んでいる象徴。「先代萩」で、若君を敵から守る乳人・政岡も同様の理由で「雪持ち笹」の衣裳を着る。

## 目出たさもマックス

「助六」揚巻の打ち掛け

江戸一番のイケメン・助六の恋人であるスーパー花魁（おいらん）・揚巻のゴージャスな衣裳のテーマは「五節句」。登場時は正月のモチーフで、門松や伊勢海老など、お目出た尽くし。

# 梅

## 名は体を表す

### 『菅原伝授手習鑑』〈車引〉の梅王丸

菅丞相ゆかりの三つ子の兄弟の一人。それぞれ梅、松、桜がついた名前を持ち、後に梅王丸は太宰府に左遷された菅丞相を一人で追って行く。道真の屋敷に残された梅の木が、主を慕って太宰府まで飛んで行った「飛び梅伝説」にちなんだ設定で、衣裳も梅の模様。

三本の川の字のような刀は荒事の創始・市川家を表す

## さりげなく意味がある

### 「野崎村」の風景

のどかな田園地帯の梅の木に凧が引っかかっている。旧暦では実際の季節と暦の上での月日の間に、毎年ずれが生じる。本作では年の暮れにあげられた凧が残っていて、正月の前に立春を迎えたという設定。

# 〈賀の祝〉三つ子のネーミング

## 植物にたとえた遊び心

歌舞伎は洒落た演出の宝庫です。人間を植物にたとえたのが『菅原伝授手習鑑』。

江戸時代の大坂に、三つ子の兄弟が生まれました。当時三つ子は大変珍しかったので、本作の作者は、早速このニュースを取り入れ、梅王丸、松王丸、桜丸という、男の三つ子のキャラに反映させました。

〈賀の祝〉の場では、三つ子の父・白太夫の七十の祝いに、兄弟とその妻たちが集合します。舞台の上手には、梅、松、桜の木がきれいに並んでいるのが目を引きます。これらは三つ子にちなんだもので、白太夫によって、よく手入れされている感じが出ています。前半では三人嫁といって、兄弟の妻たちが登場し、それぞれの木の前に座ります。

三人嫁の演出にも注目。まずはその名前。梅王丸の妻は春、松王丸の妻が千代、桜丸の妻は八重。春の梅、千代の松、八重桜という語呂あそびになっているのです。

そして衣裳。三つ子なのだから年の差はないはずなのに、千代は落ち着いた色目、八重は振り袖姿で、妻たちに見た目の年齢差をつけているのが面白い。もちろん役者も、この設定に準じた配役で演じます。

〈賀の祝〉では、桜丸だけが悲劇の最期をとげますが、八重の若さも、いっそうの哀れさをさそうため、この年齢差は効果的です。

# 紅葉



## 豪華で危険な眺め？

### 『紅葉狩』の舞台

舞台は鬼女伝説で知られる信州の戸隠山。紅葉狩りに出かけた貴人・平維茂の一行が、山中で出会った高貴な姫は実は鬼だったという舞踊劇。伴奏は長唄、清元、常磐津の三方掛け合い。一面の紅葉が華やかで、舞台上部の「吊り枝」も紅葉。

## 一見、きれいでも

### 『紅葉狩』更衣姫の衣裳

この優美な姫は実は鬼で、後半でガラリと恐ろしい姿となって正体を現す。前半と後半の演じ分けがキモ。紅葉柄の衣裳があでやかだが、維茂の様子をじっとうかがうなど、どこか怪しいそぶりも見せる。

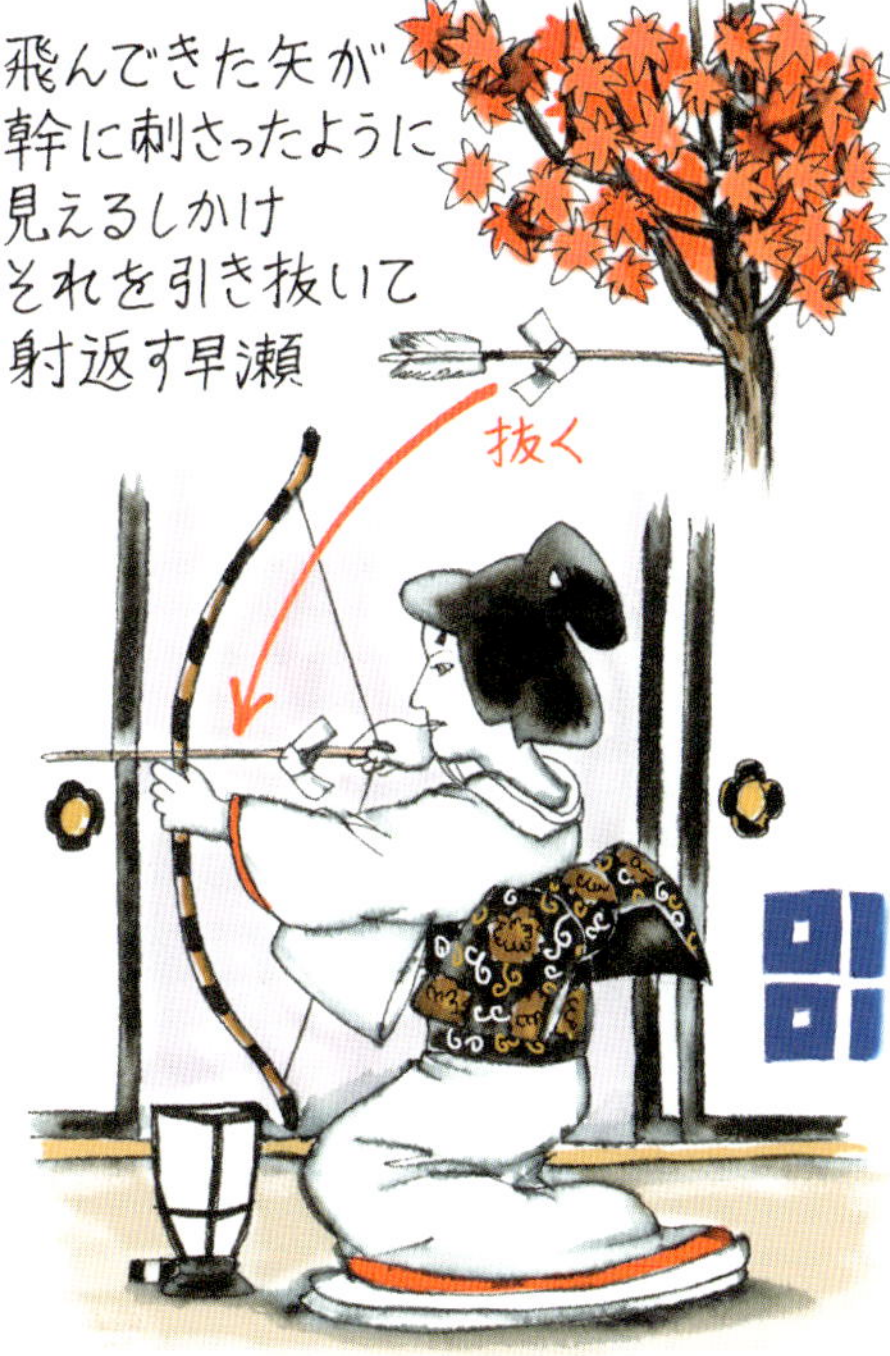


## なるほどの仕掛け

### 『近江源氏先陣館』〈盛綱陣屋〉の立ち木

静まり返った夜の陣屋（陣地に作られた屋敷）に、一本の矢文が飛んで来て、紅葉した木に突き刺さる。戦のために、敵味方に分かれた佐々木盛綱・高綱兄弟をめぐる物語。盛綱の捕虜となったわが子を案じてやって来た母・篝火（かがりび）が放った矢を盛綱の妻・早瀬が射返す。木の幹には、あらかじめ矢が仕込まれ、仕掛けで突き立つ仕組み。

## 残酷さも中和

### 『色彩間苅豆（いろもようちょっとかりまめ）』かさねの下着

色男の浪人・与右衛門の子をみごもった腰元・かさねは、親との因果の祟りで顔が醜く変わり、与右衛門に殺される。片袖を脱いだ下着は紅葉の模様で、血しぶきを美しく表現している。

# 銀杏

図鑑

## 季節違いの黄色？

『仮名手本忠臣蔵』・〈大序〉

屈指の名作の幕が開くと、舞台は鶴岡八幡宮の境内で、色づいた銀杏の大木が。けれど伴奏の義太夫は「時は如月下旬〜」つまり季節は早春と語っている。過去には緑の葉にしたこともあるが、やはり黄色いほうが銀杏らしく見え、登場人物の衣裳とも調和するので、結局元に戻したというのも歌舞伎らしいエピソード。

## 模様にこめられた意味

「助六」の大まがき

舞台はゴージャスな吉原遊郭。大まがきは、高級遊女屋の赤い格子戸のこと。下部の板に模様があるが、中央の「角切銀杏」は中村勘三郎家の紋で、故・十八代目勘三郎の追善興行時の特別仕様。主演の助六は片岡仁左衛門だったが、十八代目の息子らも揚巻と白酒売りで出演しており、追善の気持ちが紋にも込められた。

# 牡丹

## 親子で色違い

### 『連獅子』の扇

『連獅子』は、親獅子と子獅子が共演する舞踊劇。親獅子が子を鍛えるため、わざと谷に突き落とすという逸話を取り入れている。能の作品を歌舞伎化したもので、白は親、赤は子のテーマカラー。牡丹は獅子につきものなので、白の牡丹柄の扇は親、赤は子が持つ。

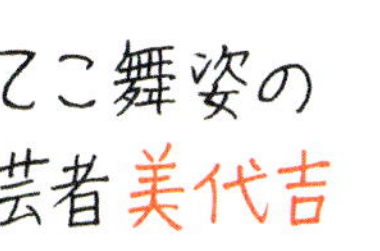

## 祭りに咲く花

### 『名月八幡祭（めいげつはちまんまつり）』の衣裳

奔放な芸者・美代吉が、深川八幡の大祭で、てこ舞姿になる。てこ舞とは、江戸の祭礼で山車を警護した鳶を指していたが、それを真似た芸者も男装して練り歩いた。牡丹の造花つき花笠と、牡丹柄の扇はマストアイテム。

# 牡丹は獅子のマストアイテム

## 獅子が登場する「石橋物」

獅子は、中国の伝説上の生き物。能から取材した、獅子が登場する舞踊は「石橋物」とも呼ばれます。文殊菩薩のいる浄土に行くために渡る狭い石の橋に、菩薩の遣いの獅子が現れることから、この名があります。

江戸中期まで舞踊は女形の専売特許でした。最も古いものが「枕獅子」や「英執着獅子」。傾城や姫の姿で登場し、後半に扇の笠をつけて、獅子の精が乗り移った「狂い」を見せます。

「枕獅子」では、獅子になってからも隈取りはとらず、裾を引いて踊る姿はあくまでも優美。これをガラッと作り替えたのが明治の名優・九代目市川團十郎。大奥勤めの少女が踊る『春興鏡獅子』という演目に改訂し、後半では隈取りをした獅子の姿で豪快に毛を振ります。遊女からの高尚化をはかったものですが、構成と詞章の多くは「枕獅子」からとられています。

そして獅子といえば、古来の絵画にも見られるように、牡丹がつきもの。牡丹の露は、獅子の寄生虫の特効薬だからです。「枕獅子」では牡丹の枝を手にして踊り、「鏡獅子」や親子の獅子が登場する『連獅子』でも、衣裳や大道具、さまざまなところに牡丹があしらわれています。

「鏡獅子」の中盤の詞章にも牡丹は登場。「時しも今は牡丹の花の〜」で始まる箇所で、弥生が開いた扇を丸く使って、牡丹がコロリと咲いた形を表現します。満開の牡丹に見とれるうちに、いつしか自分が咲き乱れる花そのものとなり、陶酔したように踊る様子は、獅子になる準備段階のようです。

# ひょうたん

## 天下人の象徴

『祇園祭礼信仰記』(「金閣寺」)
此下東吉の衣裳

さっそうとした武将・東吉のモデルは木下藤吉郎、つまり後の豊臣秀吉。秀吉の馬印は千成(せんなり)びょうたんだったので、東吉の衣裳にもふんだんにあしらわれている。

# 藤

## 巨大さにも意味がある

「藤娘」の工夫

酒に酔った藤の精が踊る舞踊劇。背景の大道具も手にする藤の枝も巨大。近代の名優・六代目尾上菊五郎が、太り気味の体型を可憐に見せるため、舞台装置を巨大化した演出が定番となった。

# 菊

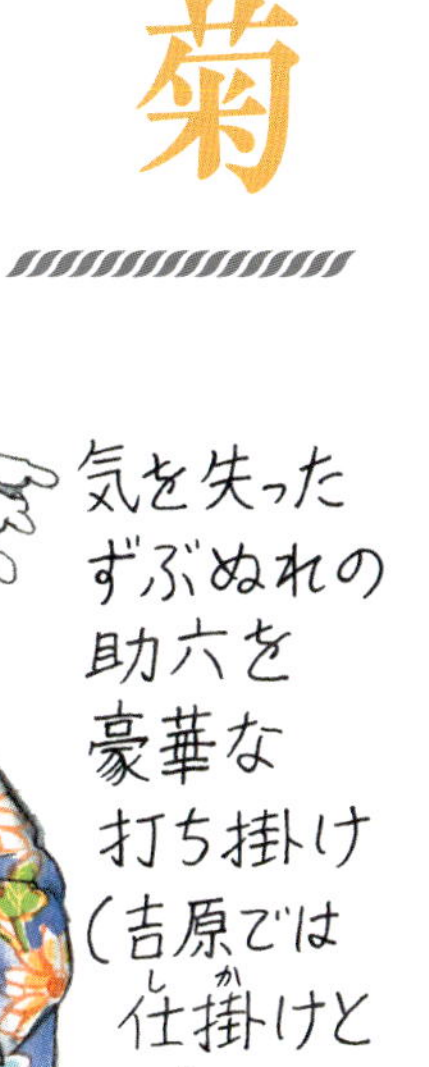


## 激レアの衣裳

### 「助六」の揚巻

吉原の花魁・揚巻は、江戸一番のいい男・助六の恋人。場面ごとに変わる衣裳は「五節句」がテーマで、これは「重陽（ちょうよう）の節句」の菊の柄。追われた助六が天水桶の中に潜む「水入り」の場面で着用されるが、滅多に上演されない。

## 観客からは見えなくても

### 「助六」の刀のつば

同じ演目でも、演者が変われば小道具のデザインも変わる。尾上菊五郎が助六を演じるときは、刀のつばも菊の模様の透かし柄になる。小道具は役者の精神的サポートも果たす。

# 『鬼一法眼三略巻』の〈菊畑〉

## 園芸ブーム武家が支え

江戸は世界有数の園芸都市でした。それをほうふつとさせるのが『鬼一法眼三略巻』の〈菊畑〉です。

平家方の老軍師・吉岡鬼一は、本心では源氏に心を寄せながらも、それを隠しています。鬼一が持っている兵法の秘伝書を奪うため、源氏の遺児である牛若丸とその家臣が、正体を隠して鬼一の屋敷に潜入するという内容です。

鬼一の出の場面に注目。腰元に手を引かれながら登場し、敷地内の広大な庭で栽培されているたくさんの菊を、眼鏡を手に愛でて歩く様子は、なかなか風流です。

源平期のお話でも、演出は江戸の風俗で統一されるのが歌舞伎のお約束。室町時代から続く日本の園芸ブームを支えたのは、実は武家でした。将軍家康や家光も園芸に凝り、それが江戸に屋敷を構える大名から庶民にも波及。自らの庭で栽培する武家も増え、菊や朝顔などの品種改良も盛んでした。

特に菊は上流階級に好まれた花。菊を眺めながらの鬼一の台詞「これこの花は打ち水に露をふくみて濡れ鷺や、かほど優しき花の名を　誰が石割と名づけけん」の濡れ鷺や石割は、当時の菊の銘だそう。鬼一につき従う腰元たちが、はさみや小さなちりとり、じょうろなど色々なお手入れ道具を手にしているのも面白く、ブームの様子を想像させるかのようです。

〈菊畑〉
眼鏡をとり出して
菊を愛でる
様子が風流な
軍師・鬼一

# 露芝

## 潜伏なう

『妹背山婦女庭訓』〈道行恋苧環〉〈御殿〉求女の衣裳

奈良の烏帽子職人に身をやつした求女は、実は貴公子で、天下を狙う悪人・蘇我入鹿を討つミッションを秘めている。露芝は露を含んだ芝草の柄で、これを着る人物は、訳あって草深い田舎に身を置くセレブ青年という設定が多い。

# 菜の花

亡き恋人の小袖を抱いて春の野辺をさまよう保名

## 新演出が定番に

「保名」の背景

恋人に自害され、狂乱して春の野辺をさまよう安倍保名の舞踊劇。一面の菜の花に一本の桜という、洋画的な感覚の背景は、大正期に名優・六代目尾上菊五郎が行った新演出が定番となったもの。それ以前は赤い鳥居と玉垣というものだったので、当時の観客には斬新だっただろう。

# 杜若

まな板帯という正装時の巨大な帯。中央下の模様が八ツ橋

## ちょっとトリビア

### 『籠釣瓶花街酔醒（かごつるべさとのえいざめ）』花魁・八ツ橋の帯

杜若は水辺の花で、八ツ橋という短い板の橋と、昔からセットで表現される。似た姿の菖蒲は乾燥地に咲くので、八ツ橋のあるなしで花の見分けがつく。吉原トップの花魁・八ツ橋の帯の杜若は、立体的なアップリケ状で、とても豪華。

# 柳

## まるで墓標がわり

### 『隅田川』の若木

人さらいにさらわれた我が子・梅若丸を捜し、はるばる京都から隅田川にやって来た母の嘆きを描いた舞踊作品。能を歌舞伎化したもので、行き倒れた子供が葬られた塚の上に生える柳の若木を、子供の姿かと勘違いする母親が哀れをさそう。

# 秋草



## 静寂の心

「一條大蔵譚（いちじょうおおくらものがたり）」

大蔵卿の衣裳

大蔵卿は平氏全盛の世に源氏再興を夢見つつ、阿呆にカムフラージュしている貴公子。後半では一転して、キリリとした本性を現し、平家方のスパイを成敗する。一瞬で変化する衣裳にちりばめられた秋草の柄が、貴族らしい雅やかさと、世の中から距離を置く静けさを表しているよう。

## 事件の予感にざわめく

『仮名手本忠臣蔵』・〈五段目〉

「法界坊」など

藪畳は藪の茂みを表した大道具で、葉の多い竹を束ねて土台に打ちつけたもの。人気のない夜道などに登場し、藪の背後からは、しばしば悪人や強盗が、葉をかき分けてヌッと現れる。他にも殺人後に血で汚れた手を葉でぬぐったり、藪陰に死体を隠したりと、事件の多発地帯でもある。

# 竹・笹

## 立場で違いを表す

『伽羅先代萩』足利頼兼と政岡の衣裳

仙台・伊達家のお家騒動からイメージした作品で、当主の足利頼兼は放蕩の末、隠居を命じられる。「竹に雀」は文様の定番コンビで、伊達家の家紋。伊達家の若君を守る乳人（乳母）政岡の打ち掛けも同様の柄で、「雪持ち笹」は吉祥文様であると同時に、逆境を耐え忍んでいる状況もあらわす。

# どんぐり

## 木だって演技する

『義経千本桜』・〈木の実〉

田舎の不良・権太が、旅の途中で休憩中のＶＩＰの子息・六代君のために、椎の木につぶてを当てて、どんぐりを落としてやる。パラパラと木から実が落ちる様子から、この場名がある。権太が本当は善人であるという伏線と相まって、田舎の秋の詩情をしみじみと感じさせる。

# 「髪結新三」と万年青

## 園芸ブームでバブルも発生

「目には青葉　山ホトトギス　初鰹」は、初夏のさわやかさを表す句。新緑の美しさ、ホトトギスのさえずり、江戸っ子が珍重した初鰹の味が盛り込まれています。

この句を地でいくような芝居が「髪結新三」（『梅雨小袖昔八丈』）。江戸下町の風物が魅力的に描かれています。主人公のフリーの髪結（美容師）新三は、小粋でどこか憎めない小悪党。商家の娘を誘拐した翌日、新三の住む長屋にもホトトギスや鰹売りの呼び声が聞こえてきますが「青葉」にも注目。舞台上手側、新三の家の裏の植木棚です。子分の勝奴が植木に水をやり、新三がそれを眺める場面は、現在でも見られる下町の路地に植木鉢が並ぶ光景を思わせますが、ポイントは植木の種類。松や黄楊に混じって万年青があります。

万年青は江戸期に大ブームをおこした植物で、さまざまな葉の形や模様を楽しむものでした。その一部は「万年青バブル」とでも言えるほど投機の対象となり、現在の価格で数千万から一億円でやりとりされたというから驚きです。

本来、長屋住まいには身分不相応ですが、高価な初鰹を買ったり、象牙の箸を持っている新三のこと。万年青ひとつからも見栄っ張りで流行もの好きなキャラがわかります。

江戸当時の
浮世絵にも
色々な姿形の
万年青が
登場している

# 生え際の発明 かつらで作る富士山

かつらで富士山を作る？

「羽二重で　富士をこさえる　友九郎」——江戸時代の川柳ですが、羽二重とは柔らかい絹の布のこと。これに人毛を植え付けたものを、ヘルメット状の銅製の土台（台金(だいがね)）に張って、歌舞伎のかつらは作られています。

実はこの羽二重が、かつらの歴史を変えました。初期のかつらは「蓑(みの)」という、毛髪を編んだものに毛を付けて使用。そのため生え際が不自然で、女形はそれを隠すため、額に「帽子」という当て布をしていました。

転機となったのは江戸後期。尾上松助という役者と、彼と組んだかつら師・友九郎が、羽二重に毛を一本一本植え込む工夫を思いついたといいます。緻密な作業による「自然で美しい生え際」の誕生です。

冒頭の川柳の「富士」は、前から見た生え際の形が、ちょうど富士山のように見えることから。いかに画期的な発明だったかがわかります。

羽二重に毛を植え込むだけでも「気の遠くなる」作業ですが、毛にも裏表があるそう。表側は裏よりも表面積が広いといいます。頭の丸みにそって生えるからそうなるわけで、反対に植えると、毛が逆立ってしまいます。

しかし現在でも、大時代な役柄などは、古風さを強調するため、あえて蓑を使うことも。帽子つきの役の場合も、帽子の下には蓑を用いています。

第四幕
雄弁に語る
小道具図鑑

# 小道具の材料
# 近年、入手困難な物も

環境に優しい「エコ」な発想は、舞台美術にも有効？

今、最も作りにくい歌舞伎の小道具のひとつが「蓑（みの）」。イネ科の植物でできた昔のレインコートで、戦前までは普通に農家などで使われていました。

『仮名手本忠臣蔵』・〈五段目〉は、大雨後のシーンからはじまります。主家から逃げ出し、今は恋人のお軽の実家に身を寄せている早野勘平。山深い田舎で猟師をしながら、主君塩冶（えんや）判官の敵討ちの機会をうかがっています。

幕開き、猟の途中で、切り株に座って雨やどりをする勘平は蓑笠姿。笠をすっと上げて、はじめてその顔があらわれる時、まるで雲がぱっと晴れたよう。素朴な蓑が、かえって色男ぶりを際立たせているのです。

『桜姫東文章（さくらひめあずまぶんしょう）』で、落ちぶれて

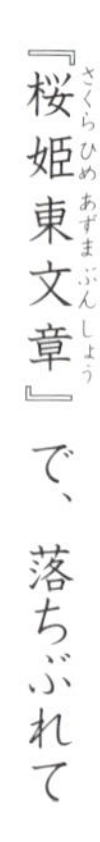

さまよう桜姫も蓑姿。高貴な姫が蓑をまとう姿も独特の趣。

主人公のキャラを引き立てるこれらのシーン、実は日本に昔から自生する葦が一役買っています。蓑の材料に使われますが、水辺の埋め立てなどで年々減少し、近年では入手困難に。藁草履の材料・藁も事情は同様で、刈入れに機械を使うようになってからは藁が残りません。小さなきせる一本にいたるまで本物志向なのが歌舞伎。代用品では雰囲気が出にくいし、演技にも影響しかねません。

葦同様、入手しにくいのがヘチマ。乾燥させたものは軽くて加工しやすく、手に入りやすかったため、「髪結新三」（『梅雨小袖昔八丈』）の鰹など、いろいろな小道具の素材にされてきましたが、生活習慣の変化でこれまた激減。

昔の日本は、身近な自然を上手に利用してきた「エコ社会」。歌舞伎の道具も同じです。急激な環境や生活の変化は、芝居の世界とも無縁ではないようです。

桜姫

二枚歯の下駄が蓑笠とマッチしてムードを盛り上げる

# きせる

きせるは日本の伝統的な喫煙具。細長い形で、先端の「火皿」と呼ばれる部分に、繊維状の刻みたばこを詰め、炭火で着火しました。炭火は、たばこ盆という箱の中の灰に埋められており、たばこが燃え尽きると、たばこ盆の「灰吹き」と呼ばれる竹筒の縁を軽く叩いて、中に吸い殻を落とします。

身分や職業で種類や持ち方も変わり、すべてが金属で出来た「延べぎせる」は高級品です。

農民

火皿の近くを持つ

商人

筆のように持つ

色里の女性

「伊勢音頭」遊女お紺

きせるで男性を指す時は斜めに女房はまっすぐ指す

**時代物の武士**

親指が上になるように下から持って肘を張る。

**「関の扉（と）」の関兵衛**

## ユニークな形

「手綱型」と呼ばれるデザインの延べぎせる。大人の腕ほどもある巨大なデフォルメが、大泥棒の貫禄を表している。

**「石川五右衛門」**

## 下世話な町民

きせるの先を持つ。

**『芝浜革財布』の魚屋政五郎**

## 毛髪のような繊細さ

刃物で細かく刻んだたばこの葉（刻みたばこ）を指先で軽く丸め、火皿に詰めて着火して吸う。一、三服で吸い終わるショートスモーク。

## 三段式の工夫

携帯に便利なように短くなるしかけ。使う時は伸ばして使う。

**「毛剃」の九右衛門**

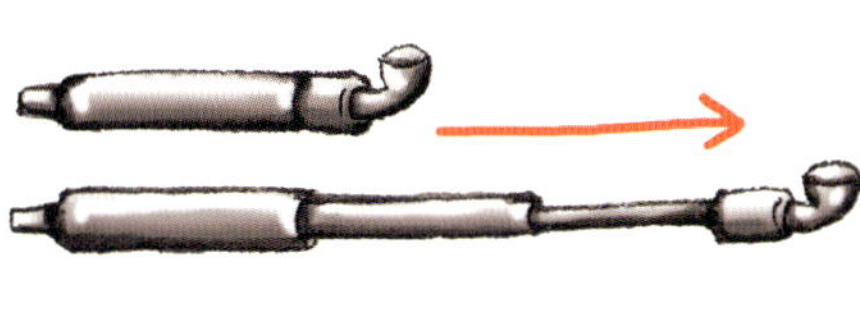

# きせるの種類

## 身分やキャラも表現

きせるは、火皿（たばこの葉を詰める部分）付きの雁首と吸い口を、羅宇と呼ばれる管がつないでいます。一般的に羅宇は竹製で、雁首と吸い口は金属製。無賃乗車を示す「キセル」という言葉は「中間に金を使わない」のが由来。ちなみに羅宇は、ラオス産の竹を使ったことが語源とされます。

羅宇もすべて金属なのが「延べぎせる」で、銀製の高級品は、大名や武家の愛妾など、偉い人用。花魁は、浮き彫りのある長く派手な延べぎせるで、畳に突いて座る姿が、威厳を表します。このようなきせるを使う人は、自分で葉を詰めたり、火皿の吸い殻をコンコンはたくことはなく、お付きの人がお世話をします。

『与話情浮名横櫛』・〈源氏店〉の場の落ちぶれた元おぼっちゃま・与三郎は、通常は一般的なきせるを使いますが、裕福だった放蕩息子の感じを出すために、あえて銀の延べぎせるを使った役者さんも。元彼女・お富の「長ぎせる」は、妾など粋な女性の定番。羅宇は無地の竹で、見た目もスッキリ。

朱羅宇のきせるは、遊廓用。「助六」では、遊女たちが自分の口で火をつけたきせる（吸いつけたばこ）を、好意の証しとして、いっせいに助六に渡します。朱羅宇は、色気はあっても、一般には上品なものではないとされます。

羅宇に斑点のある胡麻竹(ごま)を使ったきせるは、遊廓のやり手など、人のお金をあてにするような、ひと癖ある年配の女性に似合うものです。

---

火皿
雁首
羅宇
吸い口

**ここにも注目**

商人は、筆を持つようにきせるの真ん中を持ちます。大名は指をそろえて持ち、肘を張ると立派に見えますが、町人が肘を張ると、ヤクザの親分のように見えてしまいます。火皿（先端）に近い方を持つのは農民や馬子など。火皿を下げると考え事をしているようで、上げると相手を見くびっている雰囲気に。きせるを灰吹きにポンとはたく音で感情を表現したり、芝居進行のキッカケを作ります。

登場頻度
感情表現度
舞台進行貢献度

# たばこ入れ

刻みたばこの葉と、たばこを吸うきせるをセットで携帯できるようにしたもの。根付けと言われる部分を帯に差しこんで、腰に下げて持ち歩きます。実用品ながら凝った装飾のものが多く、お洒落なアクセサリーとして庶民に愛されてきました。歌舞伎には個性的なたばこ入れがたくさん登場します。

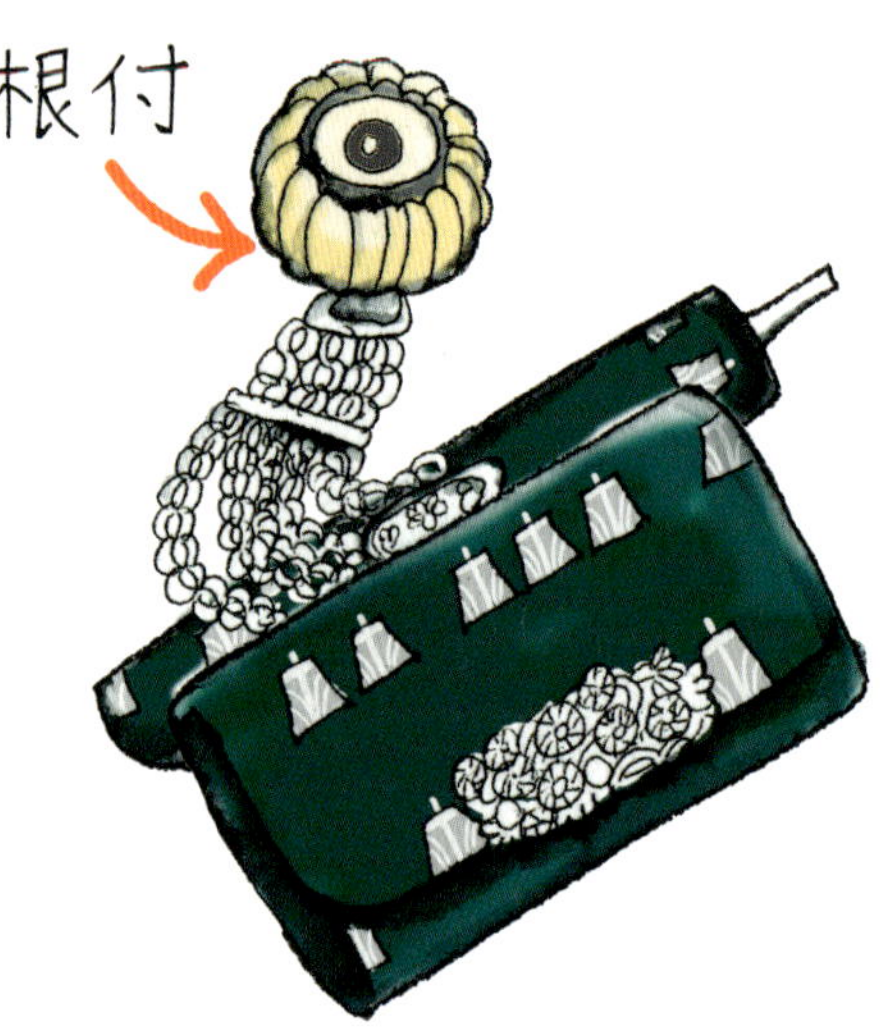


## 持ち主のシンボル入り

「白浪五人男」の美青年盗賊・弁天小僧菊之助が持つ。象牙製の根付けと銀製の金具部分には、名前にちなんだ菊の装飾が。このような凝った装飾を作れる職人さんも、現在はなかなか見つからないそう。五人男のたばこ入れのデザインも全員違う。

## 大坂ならではの風景

大坂を舞台にした『夏祭浪花鑑』に登場する鉄火肌の女性・お辰が持つ。袋部分は淀屋橋が描かれ、いかにも水の都らしいデザイン。鮮やかな朱色も、モノトーンの衣裳のポイントになっている。

# たばこ盆

きせるに必要な種火や灰落とし、刻みたばこなどを納めておく道具。盆型、箱形などがあり、調度品としても色々なデザインがほどこされています。そのつくりを見れば、持ち主のキャラや身分もわかります。

## 花魁御用達

トップクラスの花魁が使う「傾城(けいせい)たばこ盆」。豪華な蒔絵の装飾が美しい。演じる女形の紋が入ることもあり、他にも色々なデザインがある。

**「籠釣瓶(かごつるべ)」の八ツ橋**
**「助六」の揚巻など**

## 猟師が愛用

『仮名手本忠臣蔵』・〈六段目〉の早野勘平が使う、木の根っこ製のもの。勘平は浪人中で、恋人・お軽の実家がある山里で猟師をしているという設定にピッタリ。

# 傘

きせると同様、歌舞伎になくてはならない最重要小道具のひとつ。梅雨や雪などの季節感を盛り上げるのはもちろん、立ち回りの武器となったり、役者さんの姿を引き立てたり、扱い方ひとつで心情まで表現し、演技に深く関わってきます。

## 堂々と「泥棒宣言」

「白浪五人男」・〈稲瀬川勢揃い〉の場で、そろいの衣裳を着た五人の盗賊が持つ傘。傘の文字の「志ら浪」（白浪）は、盗賊を意味する言葉で、逃亡中にもかかわらず「自分たちは盗賊だ」と、堂々と宣言している。

## 殺し場も引き立てる

舞踊でも傘は欠かせない小道具。「かさね」の殺し場で使われる日傘は、透ける絹が張られており、役者の動きや姿を美しく見せる。傘を使って応戦したり、ビリビリと引き裂かれる演出も殺し場の定番。

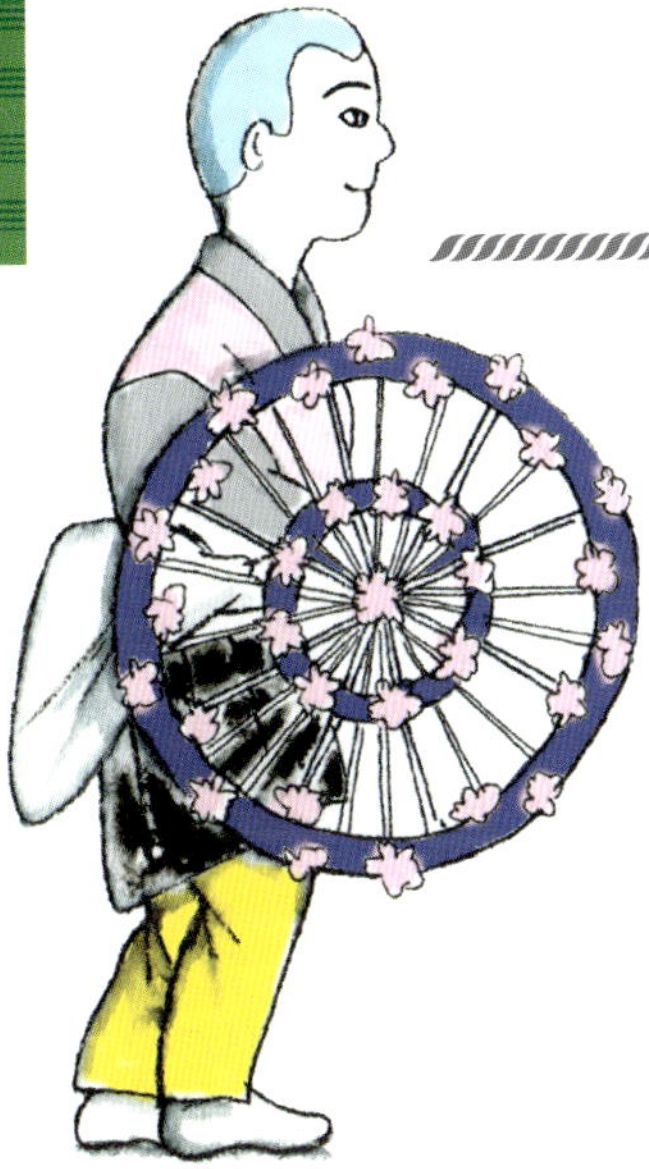

## 雨はよけられませんが

舞踊劇『京鹿子娘道成寺(きょうがのこむすめどうじょうじ)』で、所化たちが持って踊る花傘は、満開の桜の舞台にさらに花を添える。この部分は明治の名優で舞踊も得意とした九代目團十郎が、新たにつけ加えたもの。

## 空中も歩けます

『加賀見山再岩藤(かがみやまごにちのいわふじ)』では、亡霊から復活した局・岩藤が、蝶を追いながら空中をふわふわと歩く。仕掛けのある傘で、役者を天井から吊るす仕組み。

## ポルターガイスト用

亡霊の念力から必死で逃れようとする人物の傘が、ひっくり返って逆さになる。引き戻す亡霊の力を可視化した、効果的な仕掛け。

**「法界坊」など**

## 持ち主同様にハンサム

江戸一番のイケメン・助六の傘は、役者の姿が観客席から良く見えるよう、開きが浅めになっている。内側に張られた五色の色糸の装飾は、下から仰ぎ見られることを考慮したもの。

図鑑

# 笠

旅行にも欠かせないアウトドア用のかぶりもの。しばしば蓑とセットで使われますが、蓑同様に近年材料が入手困難になっています。登場人物がかぶっていた笠をとり、初めて顔を見せる演出は、劇的な効果も満点。『菅原伝授手習鑑』・〈車引〉の場で、道で出会った兄弟が大きな笠をとる場面などは、ワクワクするような見どころです。身分や境遇、設定に合わせて、さまざまな種類があります。

## カントリーな雰囲気

『竹の子笠』は竹の子の皮で編まれた笠で、素朴な質感が独特。田舎の雰囲気とワイルドな強さを合わせ持つ。『絵本太功記』・〈十段目〉で、主君・尾田春長を討って潜伏中の武将・武智光秀が持つ竹の子笠は、先のとがった特製品。

**『国性爺合戦』の和藤内**

**『佐倉義民伝』の甚兵衛など**

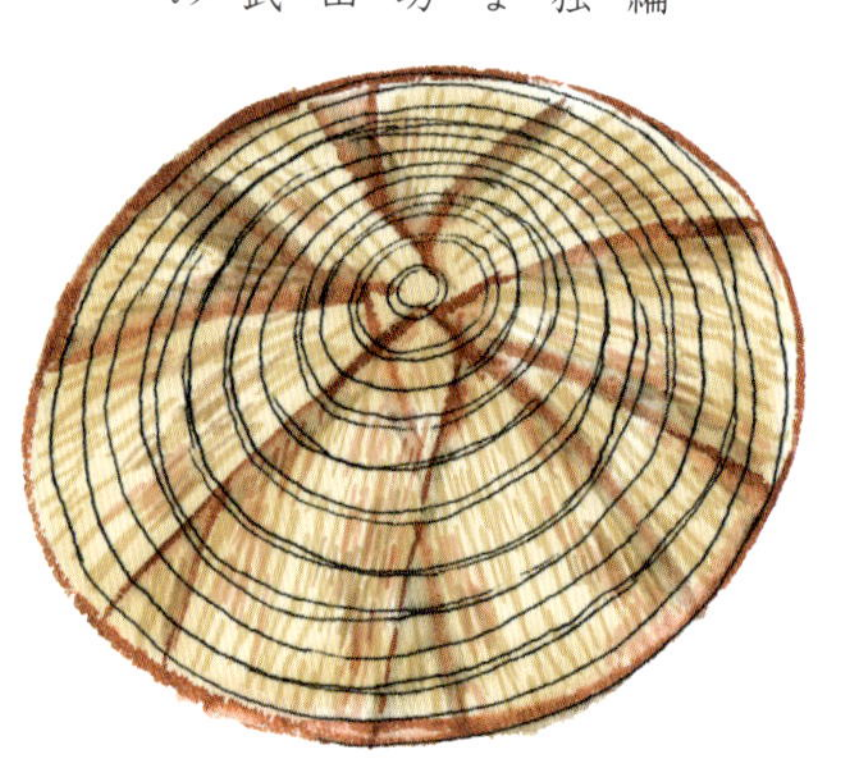

## 演技する笠

庶民が使うポピュラーな「菅笠」。『伊賀越道中双六』の「沼津」では、娘婿の敵の所在を教えてほしいと、切腹して頼む老親・平作に、実の息子の十兵衛が笠をさしかける。死に行く親のためにできるのは、松の木から落ちる露を避けてやることだけだった。笠が人の情を表現する名場面。

## VIPな透け感

美しく透ける布製の笠は、舞踊に登場するお姫様用。「関の扉」の小町姫が持つのは特に「小町笠」と呼ばれ、優美さを引き立てる装飾品。

身長は六尺
（約180cm）
武芸の達人

## 顔バレ防止

流浪しながら親の敵を捜す「毛谷村（けやむら）」のお園がかぶるのは、頭部をすっぽりと覆う「天蓋（てんがい）」という笠で、探偵義務も担ったという虚無僧が使ったもの。

**「忠臣蔵」・〈九段目〉加古川本蔵など**

# 「忠臣蔵」の雨具

## 身分・立場の差も演出

江戸時代の雨具といえば傘に頭にかぶる笠、合羽（かっぱ）、蓑、糸立てなど。マントにも似た合羽のルーツはポルトガルですが、日本では和紙や木綿に油を塗ったものに改良され、軽量なため旅の必需品でした。蓑はイネ科の植物を編んだもの、糸立ては藁などで作られた粗末なむしろ状のものです。

『仮名手本忠臣蔵』・〈五段目〉は、これらの雨具がそろう珍しい場面です。主君の一大事に間に合わなかった塩冶（えんや）（赤穂）浪人の早野勘平が、腰元お軽と駆け落ち後、雨上がりの夜の街道で元同僚の千崎弥五郎と出会います。原作の文楽では、この前半部分を「濡（ぬれ）合羽」の段とも呼びます。

お軽の実家で猟師となった勘平は蓑笠姿ですが、旅姿の弥五郎は合羽を着ているので、この名があります。歌舞伎では弥五郎も蓑を着る場合「加賀蓑」という網つきのものを着用。偉い役人が用いるもので、勘平との立場の違いが蓑からもわかります。

後に登場するお軽の父・与市兵衛は糸立て姿。勘平の討ち入り資金捻出のため外出した帰路、夕立にあった設定で、質素な庶民らしい簡便さ。与市兵衛を殺して金を奪う浪人・斧（おの）定九郎が持つのは破れ傘で、落ちぶれ感と凄（すご）みも演出しています。

**ここにも注目**

大道具と小道具の違いは「引っ越しの時に持って行くのが小道具」。どちらも専門の職人によって作られています。茶碗や行灯、駕篭や馬などの動物まで、大小さまざまなものがありますが、ちなみに馬は小道具になります。また、髪飾りは床山（かつら係）の担当ですが、芝居進行にかかわる場合、小道具方が担当。「忠臣蔵」・〈七段目〉で、お軽が落とすかんざしも基本は小道具方ですが、見栄え重視で床山担当の場合もあります。

トリビア度

演出効果度

材料入手困難度

役によって厳密な決まり事があり、多様な種類があります。上級武士なら、天地に金色が入った白扇を使います。一目で身分や性別や境遇、舞踊の場合は、流派までわかります。演技にダイレクトに影響するだけに、開き具合や大きさにも演者の細かい注文が入り、衣裳の色柄とのバランスも重要です。

## 雅なVIPの御用達

「檜扇」は、宮中で貴族が使った扇。薄い檜の板を何枚も重ねて作られている。紙の扇は、この檜扇を簡略化したもの。「一條大蔵譚（いちじょうおおくらものがたり）」に登場する源義経の母・常磐御前や『義経千本桜』の安徳帝の乳母・典侍（すけ）の局などが用い、豊かに垂れる五色の組紐も美しい。

## 安っぽい役専用

柿渋を塗った「渋扇」は、安っぽい役や下卑た役が使う。『夏祭浪花鑑』で、主人公・団七の舅の義平次が、この扇をせわしなく動かしている様子は、いかにも悪巧みをめぐらせている雰囲気がある。「髪結新三」の大家もこれ。

## 裏表に田園の柄

『太刀盗人』は、都に出かけた田舎者とスリのやりとりがユーモラスな舞踊。田舎者が使うこの扇は、表は銀地に雀と稲穂、鳴子（害鳥よけの道具）の絵。裏は金地にさつまいもが描かれ、農村の気分を表現。

## 演者みずから描く

舞踊「素襖落（すおうおとし）」には、太郎冠者が那須与一の物語を踊りながら語る場面がある。この時に使われる扇の蝙蝠（こうもり）は、演者が自分で描くのが慣習。蝙蝠は市川團十郎家の柄で、本作は市川家の家の芸なので、リスペクトを込める意味合いがある。

## お姫様専用

「姫扇」と呼ぶ。骨は黒塗りで、金色の紙にはえる朱色の房も可愛らしい。

# 『勧進帳』弁慶の小道具

## 制作者泣かせのこだわり

弁慶一行が主君・源義経を守り、関所を突破する『勧進帳』は、小道具方泣かせです。

まずは消耗の激しさ。関守たちの目をあざむくため、わざと義経を打つ弁慶。その後で義経に平伏しますが、弁慶の役者さんは気持ちが入るため、手にした中啓（扇）ごと、バッタ！　とひれ伏します。そのため中啓の骨がひび割れやすく、高価なものながら、一カ月の公演で、最低三、四本は必要になるそうです。

そして制作の手間ひま。中啓の骨は竹製ですが、冬仕込みの竹が鉄則。夏の竹は虫が食うため弱く、冬の竹は緻密な組織で丈夫。特に要は強く作らないと、弁慶が踊る場面で耐えられませんが、硬すぎても駄目なので、水につけてふやかし、適度な硬さに調整します。

細かな決まり事もたくさん。弁慶のかぶる頭巾（ときん）は、市川團十郎家、松本幸四郎家、尾上松緑家で、すべて大きさが違います。弁慶が関守・富樫の質問に答える「山伏問答」では、頭巾について「これぞ五智の宝冠にて、十二因縁の襞（ひだ）をとってこれを戴（いただ）く」と説明しますが、五智の宝冠とは仏の冠。十二因縁とは、この世の苦しみの十二の因果を説いた仏教用語。そのため、弁慶

中啓

要の部分を強く作る

の頭巾にも襞があるのです。

後半で弁慶が、番卒にひょうたんで酒をふるまわれる場面にも注目。弁慶が空になったひょうたんを転がすと、綺麗な半円を描いて番卒の手元に戻るように調節されています。

### ここにも注目

『勧進帳』は能の「安宅」を歌舞伎にリメイクした作品です。中啓は、たたんだ時に扇の先が広がっている、銀杏のような形をした扇で、格式のある演目で使われます。弁慶、富樫、四天王それぞれが違う柄の中啓を持ちます。
ひょうたんの黒い筋模様は、豊臣秀吉が醍醐の花見で使ったものを手本にしたものです。

扇の壊れやすさ度

格式度

トリビア度

# うちわ

夏のイメージがあるうちわですが、江戸当時は一年を通じて使われていました。「渋うちわ」は、かまどや七輪の火をあおいでおこす時にも使う、庶民の必需品。渋柿をしぼって熟成させた「柿渋」を塗ったもので、水に強く強度もあります。庶民の生活を描いた「世話物」には欠かせない小道具です。

## 秋の遊廓で

「忠臣蔵」・〈七段目〉で、遊女・お軽が使うのは銀地に秋草模様で、朱色の房つき。初秋の色町にふさわしい優美さがある。

## 夏の裏長屋で

『怪談牡丹燈籠』に登場する裏長屋の住人・お峰夫婦が使うのが「渋うちわ」。軒先で蚊よけの「蚊遣り」をあおいでいぶしたり、蚊帳に入る際に一緒に蚊が入らないよう、うちわで床をはたきながら裾をめくったりと、生活感を表現する。

# 駕籠

比較的大きい小道具である駕籠は、本体を作る木工係、竹で網代を編む竹芸係、中の座布団を作る縫製係、上等なものになれば、塗装係や飾り金具を作る係も加わり、大勢の人の手による分業制で作られています。江戸当時、身分によって駕籠の格は厳密に決められていました。大名クラスが乗る上等なものは「乗り物」と呼ばれ、引き戸がついて塗りがほどこされていました。それより下級のものを駕籠と呼んでいました。

## 町のタクシー

庶民の足・町駕籠の代表が「四つ手駕籠」。四隅に四本の竹の支柱を持ち、本体は割竹を編んだ簡単な作り。「鈴ヶ森」の幡随院長兵衛が、姿を隠している垂れをパッと跳ね上げて顔を見せる演出の、かっこ良さも印象的。

## 罪人輸送用

最も粗末な「唐丸駕籠」。大罪を犯した民間人の手足を縛って、逃亡を防いだ護送用の竹駕籠。『四千両小判梅葉』で、幕府の御金蔵破りをして捕まった富蔵が、護送途中に唐丸駕籠ごしに妻子と別れを惜しむ場面で有名。

# 食べ物

舞台の小道具のうち、毎日消耗されてなくなる物を「消え物」と呼びます。破り捨てる手紙や、たばこの葉などがありますが、舞台で演者が実際に食べる食品は、消え物の代表格。本物に似せたフェイクもありますが、精巧に作られた魚などは消え物ではなく、公演中ずっと使われます。

## フェイク系

### 甘い刺身?

刺身は薄切りの羊羹で代用する。生ものだと痛みやすいのと、演技しながら食べやすくする必要もあるからだ。「忠臣蔵」・〈七段目〉で、大星由良之助が、裏切り者の斧九太夫に食べさせられるタコの足も、ピンク色の羊羹。

### 見た目はそっくり?

「助六」で、かんぺら門兵衛が主人公・助六に頭からかけられるうどんは、実はかんぴょう。千切れやすいうどんよりも扱いやすいため。

### 生きているよう

『天一坊大岡政談』では、将軍のご落胤と偽って悪事を企む元僧侶の天一坊に、悪人仲間が献上した鯉がピクピクと跳ねる。作りものの鯉にジャリ糸という糸がついていて、隠れた操作役が引っ張って動かしている。

# 本物系

## 食材が建材に？

「俊寛」は、クーデターが失敗して島流しになった元僧侶の物語。絶海の孤島で細々と暮らす俊寛の、粗末な庵の屋根にかかっているのは、本物の日高昆布。小道具方が市場などで調達し、毎回水で戻して使用している。

## 田舎娘と大根

「野崎村」で、婚礼を明日に控えた田舎娘・お光が、なますを作るために使用する大根は、本物を使う。大根を切る様子から、ウキウキした娘心が伝わる。

## 終演後に食べたくなる

『雪暮夜(ゆきのゆうべ)入谷(いりや)畦道(あぜみち)』は、雪の降る夕暮れ時が舞台。おたずね者の片岡直次郎が、町外れのそば屋に入ってそばを食べ、冷えきった体を温める。粋な食べっぷりに刺激された観客が、終演後に劇場周辺のそば屋を満員にするという話は、昔からの「歌舞伎あるある」。丼は小道具方が用意し、そばは劇場内の食堂やお弟子さんなどが毎日調達する。

# 祝祭劇『寿曽我対面』の小道具

## 役柄も小道具も華やかに

祝祭劇の『寿曽我対面』は、小道具にも目出たさがあります。曽我兄弟の仇討ちという実在の事件からイメージした作品で、曽我五郎・十郎兄弟が、父の敵・工藤祐経に対面するという内容。富士の狩り場奉行に任命された工藤の館で開かれている祝いの席に、兄弟がやって来ます。

歌舞伎らしい役柄が華やかに並び、兄弟の大願成就を予想させる目出たい内容なので、正月や襲名披露公演にもよく上演されます。

心に工藤への恨みを抱える兄弟が、登場時に儀礼的に持って来るのが「島台」。婚礼や饗応の席に室内を飾るもので、足つきの台の上に松などの作り物が。現代でも結納などに使われ、京都の雛人形は中央の官女が島台を持っています。『妹背山婦女庭訓』では婚礼準備中の館に迷いこんだ少女・お三輪が、意地悪な官女たちから背中に島台を結びつけられる演出も。

曽我兄弟の持つ島台は、松竹梅の飾りは二人共通で、十郎は烏帽子、五郎のものは打ち出の小槌や巻物などが載っています。関西式では松竹梅のみだったりしますが、十郎も五郎も同じものを持ちます。

祝いの杯を載せる三方にも注目。工藤の対応に怒り心頭となった五郎が、メリメリと押しつぶす「壊れ三方」は、駅弁の箱などに使われる経木製で、小道具方が毎日新しく作り、予備にも一個用意するのが心得だそうです。

**ここにも注目**

江戸期の芝居小屋は、年初に「曽我もの」をかけるのが恒例でした。「対面」は、歌舞伎の主要な役柄がそろう演目で、工藤は座頭、五郎は勇壮な荒事、十郎は優美な和事で演じられ、トップの立女形、若手の若女形、道化方などがそろいます。各劇場が年間契約を結んだ役者の顔ぶれを、観客に披露する意味あいを持っていた演目といえます。

格式度

目出たさ度

スター勢揃い度

# 屏風とついたて

家屋のすきま風を防ぐ屏風と、装飾と間仕切りを兼ねたついたては、何かと便利な小道具です。役者の台詞をサポートするプロンプターや、斬られた人を隠すこともできます。大きなついたてには、何らかの理由があると思って良いでしょう。また、屏風の古ぼけ具合からは、その家の経済状態もよくわかります。

## 頭は出しても

「文七元結（ぶんしちもっとい）」では、ばくちで無一文になった左官屋・長兵衛の女房が、自分の着物を夫に貸したため、下着姿になっている。急な来客にあわてて、古屏風の陰に隠れ、頭を出したり引っ込めたりする様子がコミカル。

## 演技もサポート

「沼津」では、お米を見染めた商人・十兵衛が彼女の貧しい家に泊まる。お米は病の夫のため、就寝中の十兵衛から薬入りの印籠を盗もうして屏風を倒し、気づいた十兵衛が屏風でお米を押さえ込むという演出がある。

## 大きさの秘密

『盟三五大切（かみかけてさんごたいせつ）』の浪人・薩摩源五兵衛が大量殺人をする場面のついたては大きい。斬られた人を陰に隠し、刀ではねられた人の首が、ついたての上に載って血が流れるという仕掛けもある。それらをサポートする後見も隠れているので、通常より大きくなっている。

# 鏡

歌舞伎に鏡が登場するときは、「四谷怪談」「豊志賀の死」など怪談がらみの怖い話も多いものです。女性が何らかの理由で醜く変わった自分の顔に見入るというのが定番の設定です。

## 『色彩間苅豆』(「かさね」)

腰元・かさねは、与右衛門に川のほとりで心中を迫るが、与右衛門が過去に殺した、かさねの父・助のどくろが流れ着く。かさねの顔は因果がたたって醜く変わるが、かさねは気づかず、恋心を切々と訴える。与右衛門は、いやがるかさねに無理矢理鏡をつきつけ、変わり果てた顔を見せつけて、因果の報いで変貌したと言い放つ。女性の身だしなみの象徴である鏡が恐ろしい現実を映し出すが、それを効果的に使ったポーズが美しい。

## 演者でデザインも変わる

かさねが登場時に胸元にはさんでいる携帯用の折りたたみ鏡が、重要な小道具となる。左側の蝶と菊の柄は、七代目尾上梅幸が使用したもので、右側の竹の柄は、中村歌右衛門系のもの。

# 蚊帳は怪談と好相性

## まさに夏の必需品

郷愁をそそる青々とした蚊帳。防虫スプレーなどない時代には、夏の必需品でした。

特に下水と隣り合わせの裏長屋では蚊が大量発生。しかし貧しい家では冬場に質草に入れることもありました。そんな蚊帳を効果的に使ったのが「四谷怪談」。非道な夫・伊右衛門が、呑み代の質草にするため、家の蚊帳を持っていこうとする場面は、本作の見せ場といえるものです。「蚊帳がないと、赤ちゃんが一晩中蚊に攻められます」と訴える妻・お岩。蚊帳にしがみつき、ひきずられながらも必死で止めますが、伊右衛門に突き飛ばされ、爪をはがす演出がすさまじい。

異界との接点を感じるのは『怪談牡丹燈籠』。裏長屋の夫婦の家に、燈籠を掲げた姿の見えない幽霊が訪ねて来ます。おびえながら蚊帳ごしに幽霊と話す夫の様子をいぶかる女房。夫の口から、若い浪人に焦がれ死にした娘の乳母の霊から頼み事をされていると聞き、怖さのあまり思わず蚊帳の中に頭を突っ込む演出も効果的。くたびれた蚊帳が夏の生活感を出していますが、吊った時のぼんやりした青さは怪談とも好相性です。

一方、色っぽい側面も。『盲長屋梅加賀鳶』では、鳶の女房と子分が共に雷嫌いで、雷に驚き一緒に蚊帳に飛び込み、あらぬ疑いをかけられます。部屋の中央に吊る蚊帳は、雷よけになると考えられていました。

ここにも注目

蚊帳にもランクがあり、安いものは木綿、高級なものは麻で作られていました。蚊帳でその家の経済状態もわかります。

長屋の場面で、蚊帳とセットで使われているのがうちわ。裾をめくって中に入る時、一緒に蚊が入ってこないようにうちわではたきながら入らなければなりません。(178P)

情緒度

必需品度

事件発生度

# 履き物

持ち主の身分やキャラを、最もダイレクトに表す小道具です。特に吉原遊廓を舞台にした「助六」は「履き物芝居」と呼ばれるほど、大勢の登場人物の個性に合わせた多彩な下駄や草履が登場します。

## トップクラスの花魁用

助六の恋人・揚巻が履く「三枚歯の塗り下駄」は、花魁道中の際に使う正装用。花魁の高下駄は、位が高いほど高くなり、歯の枚数も多くなる。

**「助六」の揚巻など**

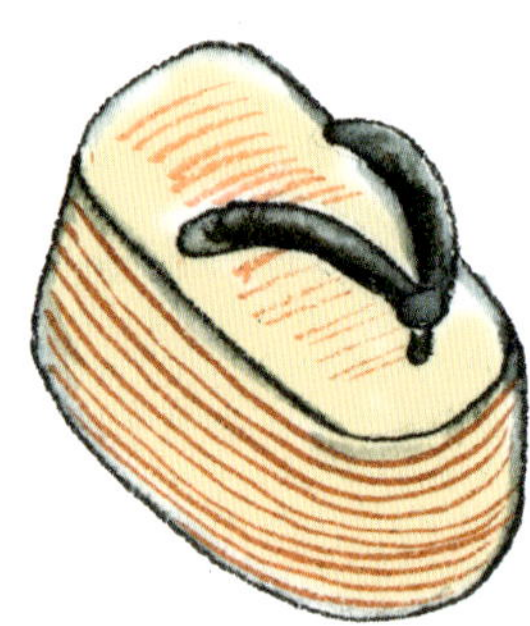

## 捻挫しそうな高級品

花魁が屋内で履く「重ね草履」は、高級な畳表の草履を何枚も重ねたもの。位の高い傾城になると十数枚も重ねることも。

**「籠釣瓶(かごつるべ)」の八ツ橋**
**「助六」の揚巻など**

## 洒落た伊達男向け

助六の恋のライバルで、お大尽である髭の意休(いきゅう)が履く「焼き桐の三枚歯の下駄」は、裕福な伊達男の雰囲気。

**「先代萩」の足利頼兼**
**〈菊畑〉の鬼一など**

## 鼻緒の色に注目

畳表に鮮やかな浅葱色（あさぎ）（ターコイズブルー）の鼻緒つきの塗り下駄。この色の鼻緒は、芸者や色町関係など、粋な女性の目印。

## 貧乏なう

「板草履」は、板をつないで作った祖末な履き物。困窮状態にあることを表す。

## 天狗のよう

「一本歯」と呼ばれる下駄。

**『鬼一法眼三略巻』〈奥庭〉の鬼一**

## 細い鼻緒は粋な人

裏に麻を使った「麻裏草履」は、鼻緒をすげる位置が少し後ろで、つま先が長く、反っているのが特徴。鼻緒の太さは役によって違い、細い鼻緒は粋な職人などが使う。履くべき草履を間違えたり鼻緒が切れた時に、どんな役にも間に合い、汎用性が高い。

# 下駄のリアリティー

## 場面ごとに履き分け

衣裳から小道具まで、本物にこだわるのが歌舞伎。きせる一本、下駄一足も、持ち主にふさわしいものでなくてはならず、特に世話物ではリアリティーが重視されます。

たとえば庶民に身近な下駄。「髪結新三」は、登場人物の下駄を見ているだけでも、江戸の世界観が伝わってくるよう。

新三は、今風に言えばフリーの美容師。そのキャラは粋な「チョイ悪男」。お得意先の大商店・白子屋の娘お熊を身代金目当てに誘拐します。新三の下駄が、場面ごとに違うことに注目。

幕開き、白子屋にやって来る新三。藍の着物に元結（まげを縛るコヨリ）をたすきがけにした粋な姿。足元は「のめり」といって、前方の歯を斜めに切った下駄。職人などが好むしゃれたもので、さっそうと登場するのにふさわしい。

お熊と恋仲の手代忠七に駆け落ちをそそのかし、連れ立って外出する場面。にわか雨のなか、忠七の下駄の鼻緒が切れてしまいます。忠七が鼻緒を直していると、新三の態度ががらりと豹変。忠七を踏みつけ、ののしりますが、ここも下駄だから格好がつくというもの。にわか雨で買った「吉原下駄」という安価な下駄が、雨上がりの夕刻の情景とよく合っています。

翌朝、自宅の押し入れにお熊を閉じこめ、ご機嫌で朝湯帰りの新三。浴衣がけの足元は

「高銀杏歯下駄（たかいちょうば）」。歯が高く銀杏の葉のように広がっているのでこの名がありますが、カラカラといかにも気分良く歩けそう。

何よりも、五月という芝居の季節のさわやかさに、下駄の感触がとてもよく似合います。

**ここにも注目**

下駄の鼻緒が切れる場面と、履き物で人を叩く場面も歌舞伎には多くあります。『恋飛脚大和往来（こいのたよりやまとおうらい）』・〈新口（にのくち）村〉で、遊女・梅川が孫右衛門の鼻緒をすげる場面は、物語の展開の上で重要です。（207P）

『鏡山旧錦絵』で局・岩藤が中老・尾上を草履で打つ見せ場は、『梅ごよみ』で芸者同士が争う場面で、パロディーとして再現されています。

粋さ度

季節感度

生活感度

# 照明具

電灯などなかった時代の照明は、行灯や提灯の明かりが頼りでした。行灯は木や竹の枠に紙をはり、中に油入りの皿を置いて火をともしたもの。屋内用は小道具、軒行灯といって軒先にかけるタイプのものは大道具さんの担当です。行灯を使う場面で、夜になって火を灯すと、少し間をおいてから屋内がフワリと明るくなる様子は、趣があります。

提灯は、らせん状の竹ひごに紙をはった風よけの「火袋」の中に、ろうそくを収めたもので、持ち歩きに便利なよう、折り畳める構造になっています。

## 今に至る形

「八間行灯（はちけんあんどん）」は天井から吊るす大型の行灯で、商家の店先などで使われた。「間」は長さの単位で、広い空間を照らすことができる行灯という意味。上方の世話物で良く見られるが、これを小型にしたようなデザインの電灯は、現在でも見られる。『曽根崎心中』で、夜半に遊女屋を抜け出そうとする遊女・お初が、ほうきにつけた扇で、八間行灯の火を消そうと苦心する場面は印象ぶかい。

## 携帯にも便利

「小田原提灯」は携帯できる提灯の代表。地面に置いたり、平たくたたんで旅行にも持参できるすぐれもの。

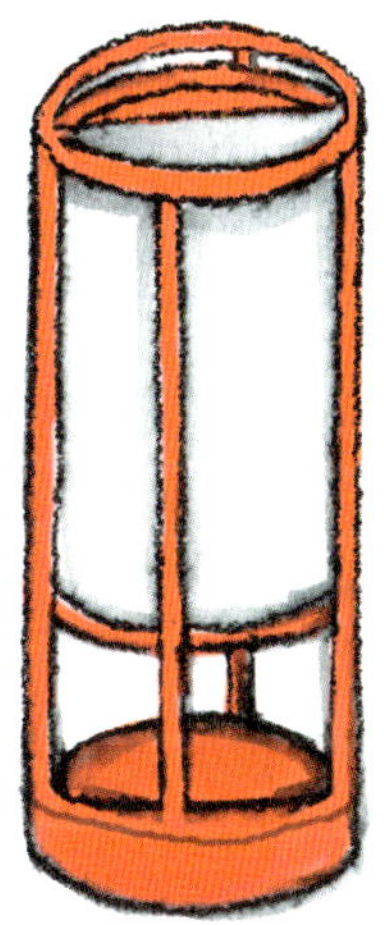

## 住人を連想させる

丸形や円筒形、箱形など行灯の形もさまざま。『雪暮夜入谷畦道』に登場する遊女屋の寮で、遊女・三千歳（みちとせ）の部屋にあるのは朱塗りの行灯。なまめかしい風情がそれらしい。

## 大型の懐中電灯？

一般的には「がんどう提灯」と呼ばれるものだが、歌舞伎では「強盗提灯」と呼ぶ。内部の輪が自在に動くようになっており、上下左右に傾けても、中のろうそくが直立する仕組み。闇を照らして何かを探索するような場面で使われる。前方のみに光が届くため、相手からは自分の姿が見えにくいという利点がある。

**「一條大蔵譚」など**

## 業界最大級

遊廓の花魁道中で使われる「大箱提灯」。花魁に従う若い衆がささげ持つ。「助六」では、花魁・揚巻の名前と共に、揚巻役者の紋も入れることになっている。

# 火

舞台に登場する火の表現のうち、本物の火を「本火」と呼び、小道具方が受け持ちます。有名なのが「面(つら)明かり」。長い棒の先につけた、ろうそくの明かりで、後見が役者を照らす古風な演出です。

舞台での火の使用は、消防法で厳しく禁止されていますので、本火を使う際は、そのたびに規制解除の手続きをして、許可をとっているそうです。

## 大じかけの火

「四谷怪談」では、燃え上がる大きな提灯の中から、お岩様の亡霊が飛び出してくる「提灯抜け」という演出がある。江戸時代に考案されたもので、さまざまな工夫がこらされている。大道具と小道具が連携した仕掛けの結晶。

## ひとだま

別名を「焼酎火」という。丸めた布をアルコールにひたして火をつけ、差し金という棒の先につけて、後見が操っている。フワフワと揺れる幻想的な青白い色は、アルコールにホウ酸を加えることによって発色させている。

## 燃える演技

「法界坊」では、商家の悪番頭・長九郎が、手にした手紙を丁稚に燭台の火で燃やされる。悪だくみに利用するための証拠物件。手紙は長九郎が悪だくみに利用するための証拠物件。大慌てする長九郎を尻目に、空中で跡形もなく灰になって消える様子が鮮やか。

## 昔のマッチ・火縄

「忠臣蔵」・〈五段目〉では、猟師になった浪人・早野勘平が、火縄を回しながら登場する。火縄は文字通り火をつけられる縄で、銃の点火にも使われる。京都や奈良の寺で行事用に使われていた火縄を、小道具方が入手して大切に保管している。ちなみに勘平の持つ銃の銃身はズシリと重い本物で、銃刀法の許可を得ているもの。

# 生き物

芝居に登場する生き物は、着ぐるみ系、煙などを吐く大掛かりな仕掛け系、後見が棒（差し金）で操るものなど、大小さまざまな種類があります。特に二人の役者で操る馬は難しく、「馬の脚」の芸談があるほどです。

## なめくじ、大蛇、ガマ

『児雷也豪傑譚話（じらいやごうけつものがたり）』で、三匹の格闘場面に登場。なめくじのヌメヌメと光る質感もうまく表現されている。

## 犬

狐や鼠と共に、着ぐるみ系の代表。頭部は小道具方が作り、布製の体の部分は「着肉屋（きにくや）」といって、模様や綿などを入れたボディスーツ状のものを作る係が担当する。両者が良く打ち合わせをしておかないと、上下がチグハグになりかねない。

**『南総里見八犬伝』** など

## 雀

これは連帯飛行の形。先の分かれた差し金で後見が操る。

**『伽羅先代萩（めいぼく）』** など

## 蝶

後見が差し金で操るが、差し金の先に弾力性のある鯨のヒゲをつけることによって、ヒラヒラとした動きを表現。極彩色と無地の黄色の二種があり、黄色は『連獅子』で使用。何かにとまる蝶の場合は、羽根が閉じるようにできている。開いたままでとまると、蛾に見えてしまうからだ。

動かす後見も技術が必要。主演者の動きに合わせて、両手に持った差し金をそれぞれ操りながら後ろ向きに進んだりと、なかなか大変そうだ。

**「鏡獅子」『連獅子』** など

## 馬

前後の脚の部分にそれぞれ役者が入って二人で操る。重い鎧を着た武将を乗せるのは特に重労働だ。息を合わせた動きが難しいが、『當世流小栗判官』では、小さな碁盤の上で竿立ちになる大技もある。馬の脚役の人には「飼い葉料」という特別給金が出されるが、竿立ちになる場合は、後ろ脚のほうが給金が高いらしい。後ろ脚の人は馬本体の他に、前脚の人の重量も一人で支えねばならず、その重さは九十キロほどにもなるそうだ。

# 差し金の活躍

## 誇張の表現もユーモラス

歌舞伎語源の言葉は数ありますが、「誰の差し金だ」などと使われる「差し金」もそのひとつ。黒く塗られた長い棒の先に、動物やひとだまなどの小道具をつけて、後見が操作します。ちなみに歌舞伎の「黒」は見えないというお約束になっています。背後から操るというイメージから、慣用句に転用されました。

『毛抜』は、差し金が大活躍する芝居です。ある公家の屋敷の怪事件を、スーパーヒーローの粂寺弾正(くめでらだんじょう)が鮮やかに解決するという内容。その事件とは、お姫様の髪が逆立つという奇病です。座敷で待機中の弾正が、持参の毛抜きで髭を抜いていると、使っていた鉄製の毛抜が、ひとりでに踊りだします。驚いて銀のきせるを取り出すと、こちらは無反応。次に鉄製の小柄(こづか)（小刀）を取り出すと、また踊りだします。これらのことから弾正は、何者かが天井裏に隠した磁石が、お姫様の髪に仕込まれた鉄製のかんざしに反応して、髪の毛が逆立ったと見破ります。

踊る毛抜を怪しむ
粂寺弾正

# お姫様の逆立つ髪

毛抜が踊る場面では、それまで弾正が手にしていた毛抜とは変わって、三十センチほどもある大きな毛抜が登場し、後見が小柄と共に差し金で操ります。
誇張の表現がユーモラスな、歌舞伎十八番の演目です。

---

**ここにも注目**

悪者が天井裏に仕込み、後で弾正が発見する磁石は、U 字型のものではなく、針が方位を示す円盤形の方位磁石です。普通に考えるとおかしいのですが、歌舞伎の舞台では、こちらのほうが絵的にも面白いです。天井裏から悪者の手下が抱えて落ちてくるこの磁石も、やはり大きくデフォルメされています。明治期に 97 年ぶりに復活させた古劇で、ナンセンスな大らかさが魅力です。

大らか度
デフォルメ度
科学的知識度

# 刀

刀は最も目にする小道具。時代や身分、役の性格によってつくりが違い、数えきれないほどの種類があります。刀身部分と、つばや柄や鞘など、装飾をほどこす部分に分けられます。刀身は竹や木に錫を貼ったフェイクと、「本身」といって、本物の鉄が使われているものがあります。昔から伝わるものには、現在では再現不可能な高い装飾技術がほどこされたものも。

「忠臣蔵」を通し上演する時は、三百本以上の刀が必要となります。歌舞伎の小道具を一手に保管している藤浪小道具によると、三劇場が同時に上演しても、調達に支障はないそうです。

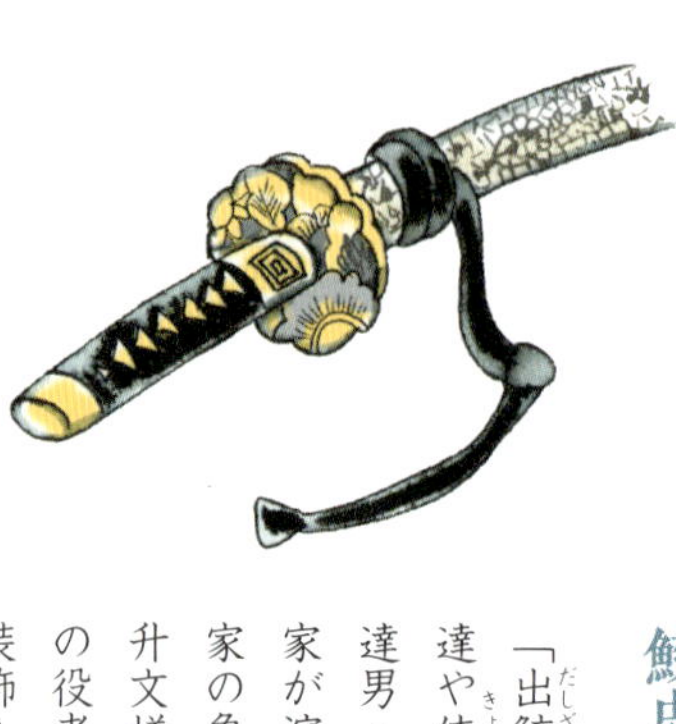

## 鮫皮の装飾

「出鮫(だしざめ)」という鞘の模様は男伊達や俠客(きょうかく)向けで、江戸一番の伊達男・助六も持つ。市川團十郎家が演じる場合、つばには市川家の象徴である牡丹、柄には三升文様がほどこされている。他の役者が演じるときは、つばの装飾も変わる。

## 貫通する刀

投げた刀が、人の首を貫通して見えるよう工夫されたもの。刀身をつないでいる半円の輪の中に首がはまるようにできている。

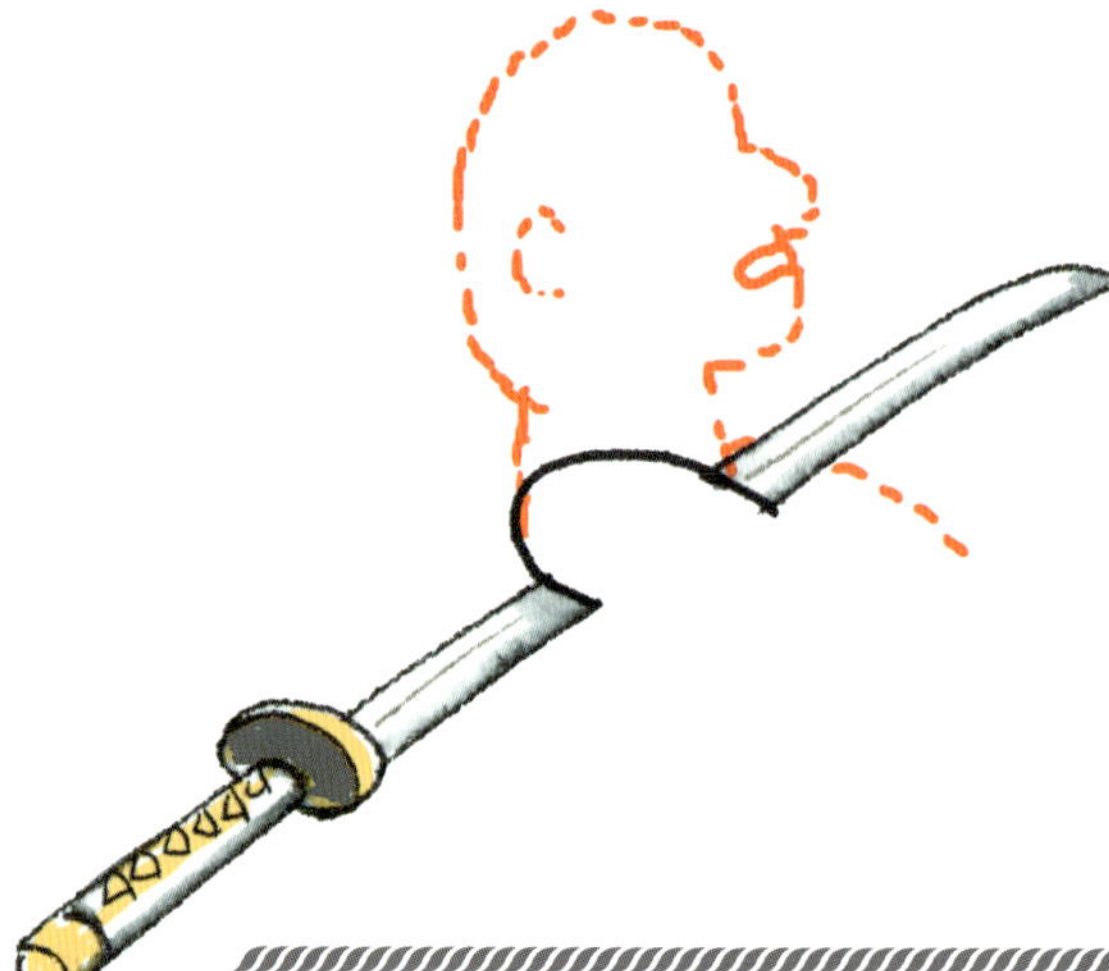

## 業界最長！

『暫』の豪傑・鎌倉権五郎の大太刀の長さは2メートル以上。鞘を抜いた時の刀身は黒塗りで、「血流し」という朱色がほどこされている。豪快でものものしい荒事の様式と、舞台の派手な色彩によく調和するデザインだ。つばには荒事の創始者・市川團十郎家の三升の装飾が。

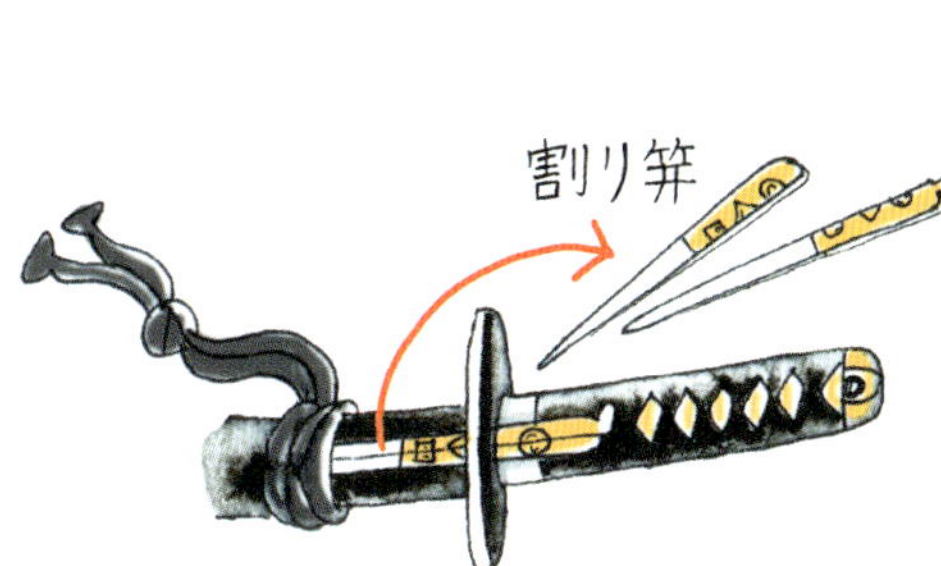


## 身だしなみグッズつき

武士の小刀には「割り笄」といって、髪をなでつけることに使う装飾品がついていた。左右で一対となり、同じものは二つとない。『盟三五大切』では、大量殺人犯の浪人・薩摩源五兵衛の割り笄の片方が、ストーリー展開の上で重要な小道具となっている。

## 本物も使う

『梶原平二誉石切』で、武将・梶原平三が鑑定する刀は本物の刀身。名刀という設定で芝居の見せ場なので、リアリティを出すため本身を使う。刃は切れないように処理してある。

# 身体

切られた手足や首など、身体の一部も主演者の演技を支える大事な小道具です。最もポピュラーなのが「切り首」で、上首、駄首、本首があります。切られた首が本物かどうか、その人物を知る関係者が鑑定することを「首実検」といいますが、そんなシリアスな場面で使われるのは写実的な上首。荒唐無稽な荒事の演目で使われるのは、簡単な作りの駄首です。本首は、本物の役者が切り穴などから首だけ出すものです。

## 対照的な作り

右の駄首は『暫』や『御摂勧進帳』で使われる。豪傑がはねた郎党たちの首で、袋状の布に目鼻を荒く描いて、かんなくずなどを詰め、切り口に赤い布を貼った簡単なつくり。

左は『菅原伝授手習鑑』・〈寺子屋〉の首実検で使われる小太郎の上首で、丁寧に作られている。

## 客席からは見えなくても

わが子・小太郎の首を首実検する松王丸。辛さを押し隠す演技が見ものだが、観客からは後ろ向きの小太郎の顔は見えない。にもかかわらず上首を使うのは、粗末な首だと、松王丸役者の気持ちが入らないからだ。

## お面にひと工夫

刀でパックリそぎ落とされた顔面が、下にぶら下がる仕掛けの「そぎ面」。「鈴ヶ森」で、すご腕の美剣士・白井権八に切られる無頼漢の顔だ。中には赤く染めた綿が詰められ、目の部分だけ穴が開いていて黒く見えるのも、グロテスクではなくユーモラス。

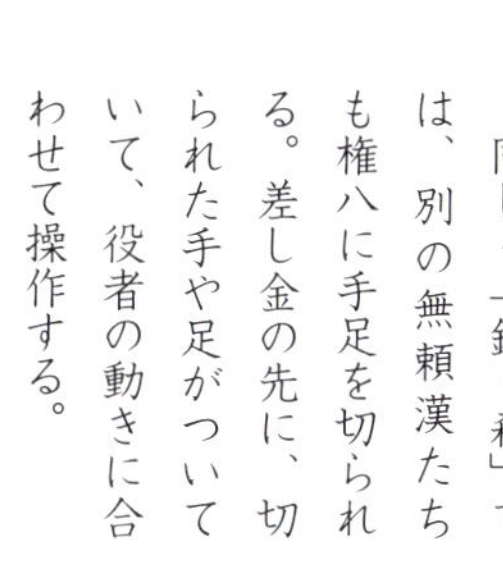

## とびはねる手足

同じく「鈴ヶ森」では、別の無頼漢たちも権八に手足を切られる。差し金の先に、切られた手や足がついていて、役者の動きに合わせて操作する。

## 傷の色にも違いが

傷も小道具のひとつ。眉間を割られてできた傷は、赤い三日月型のものを、役者がかつらの下につけて使う。弁天小僧などは細くして色気を出し、『時今也桔梗旗揚（ときはいまききょうのはたあげ）』の武智光秀など時代物の武将は、太くしてやや黒っぽくするなど、キャラによって微妙な違いが。

# 血糊の効果

## 垂れ方にも美意識

闇の中で撃たれて、虚空をつかんでもがく浪人の口から流れる、一筋の血――。『仮名手本忠臣蔵』・〈五段目〉斧定九郎の名場面です。黒い着付けの定九郎の、白塗りの顔と手足が、闇に浮かび上がりますが、モノトーンの中の血の色は、鮮烈です。

この血は、あらかじめ血糊をストローで口に含んでおくか、血玉を使います。血玉は血糊をゴムの袋に入れたもので、噛むと血が出る仕組みです。

この他、舞台で使われる血には、血綿（綿を赤く染めたもの）や赤い布などもあり、目的によって使い分けられます。

本物の血に似せた血糊は、小麦粉と食紅を混ぜ、煮て作ります。色もそれらしく、墨を入れて少し黒ずませ、艶を出すために黒砂糖を入れる場合も。世話物と時代物では色合いが異なり、役者によっても色や固さに好みがあります。夏場は腐りやすいため、毎日小道具方が作っているそうです。

『女殺油地獄』では、油まみれになる殺し場がありますが、血糊にふのりを混ぜて、粘度を出しています。舞台にこぼれ出る油は、本物ではなく洗濯のりを使うので、これと質感を合わせるためです。

血糊の扱い方にも技術が必要。衣裳に付くと取れにくく、汚さないことが基本。前述の定九郎は、前を向いてもがき苦しみますが、顔の真下に右足を出して、口から流れた血が

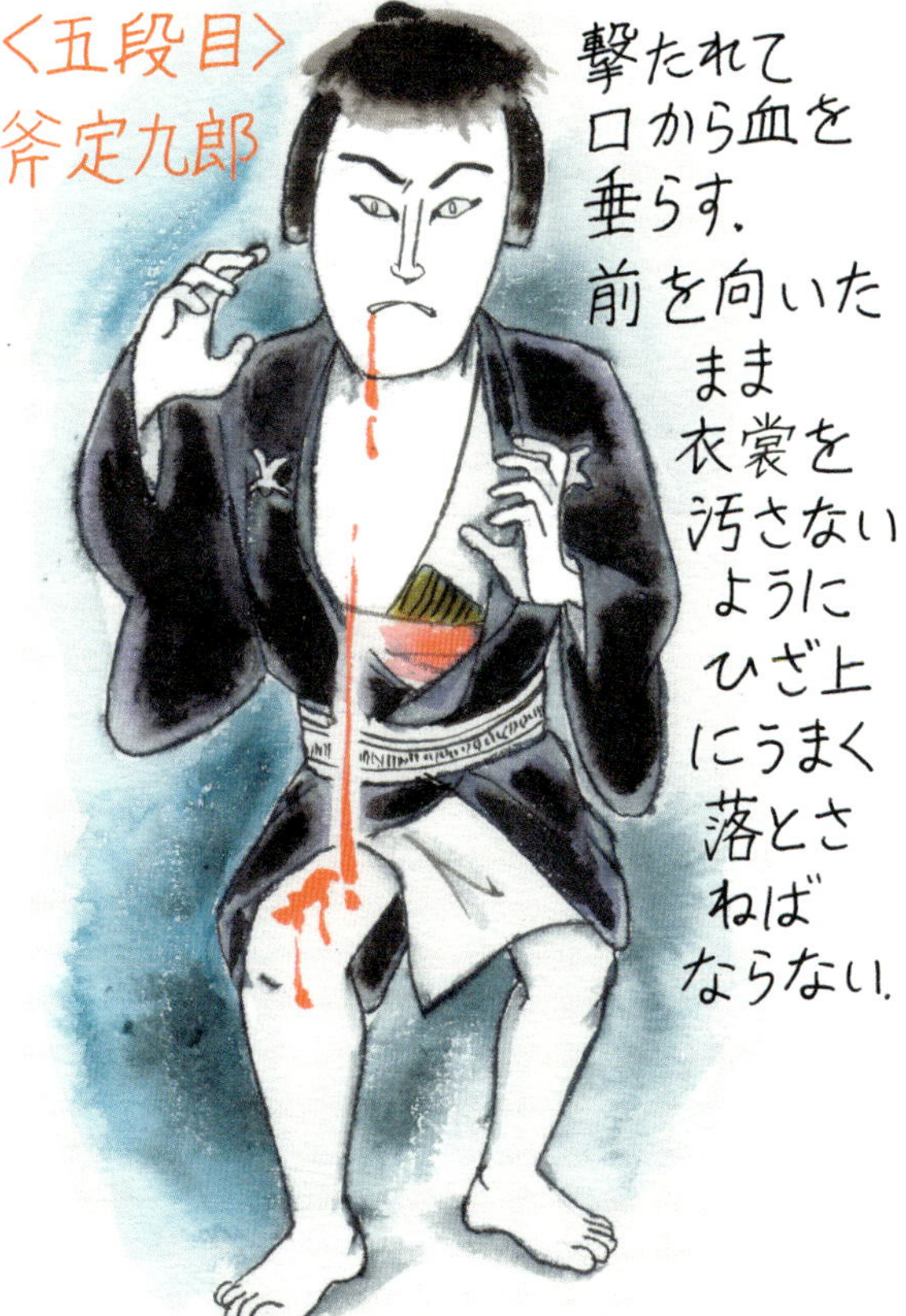


スーッと、白いひざ上か下がり（下帯の前垂れ）に垂れるようにします。ボタボタと舞台の上に落ちるようでは即物的すぎて、美的効果もありません。

**ここにも注目**

事前に足や下がりに水を吹きかけておくと、美しくスーッと血が垂れるそうです。
「四谷怪談」では、お岩さまが抜け落ちた髪を握ると、倒れた衝立の上に血が垂れます。これは海綿に血糊をしみこませたものを手の中に仕込んであるのです。さらに、観客から見えやすいよう、観客のほうへ倒れる側の衝立の足を長くして、角度をつけています。

鮮烈度

繊細度

取り扱い注意度

# 紙と文具

手紙や書面は物語を大きく動かす小道具。密書や借金の証文、刀の鑑定書など色々な形状があります。懐紙はたたんで懐に入れておく紙。遊女はぶ厚い懐紙の束を、胸もとにはさんでいるのがお約束です。『雪暮夜入谷畦道』では、おたずね者の直次郎が場末のそば屋で、楊枝の先を噛んで筆がわりにして、粗末な懐紙に走り書きの手紙をしたためます。追われる身の、いかにもわびしい雰囲気が良く出ています。

## 紅色に注目

「天紅」という遊女の手紙。巻き紙の上部を紅で彩色してあり、色っぽさを感じさせる。舞踊にも良く登場するが、広げた時の文面のバランスが、絵のように美しくなければならない。

**「将門」「二人椀久（ににんわんきゅう）」「雨の五郎」など**

## 空中を舞う紙

「忠臣蔵」・〈七段目〉では、遊女お軽が、兄・平右衛門に斬りかかられて、懐紙の束を投げつける。紙の一枚一枚の隅を、あらかじめ小さく折っておくことによって、ドサリと落ちずにパラパラと美しく散らすことができる。

兄・平右衛門の刃から身を守るため懐紙を投げつける

遊女は胸もとに懐紙の束をはさんでいる

## 対照的な懐紙

『恋飛脚大和往来』・〈新口村〉では、遊女・梅川が、恋人・忠兵衛の父親と懐紙を交換する。懐紙が形見となる設定だが、紙一枚にも立場の違いが表れる。

## 携帯用筆記具

「矢立」は、出先でも手紙を書けるようにした便利な筆記具。筆を収納する細長いケース部分と、墨を入れておく墨壺からなる。パイプのような柄杓型と、本体の蓋を左右にスライドさせて開く扇型がある。

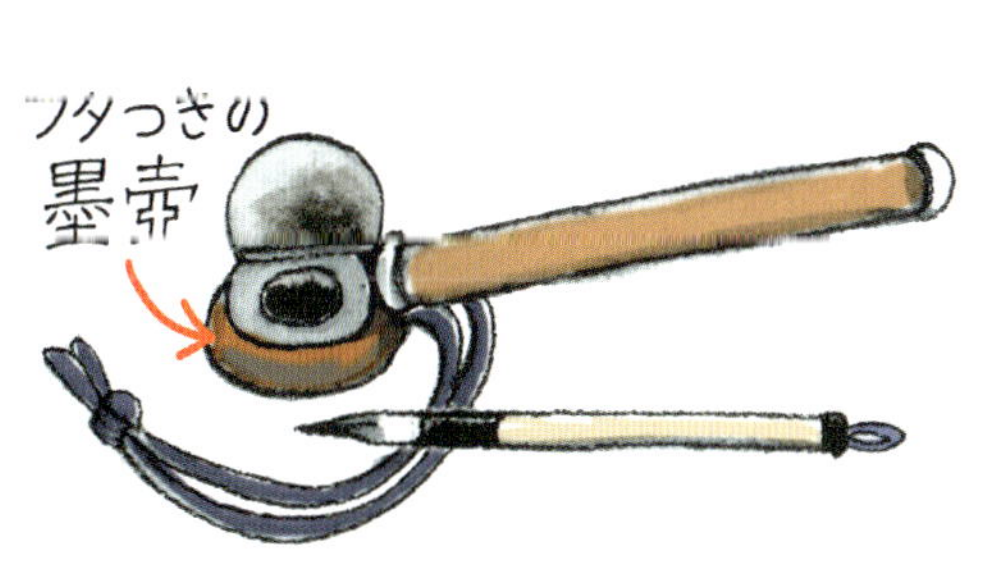

# 書き物の宝庫「忠臣蔵」

## あちこち工夫いっぱい

舞台で使う小道具で、手紙や書状類を「書きもの」と呼びます。

紙の種類は演目や設定によって決まりがあり、手紙なら巻紙を用います。文字は「狂言方」と呼ばれる、舞台進行や書類をつかさどる担当者が書いています。舞踊で使う手紙の場合、絹を貼って補強するなどして長持ちさせますが、公演中毎日新しく文字を書いて作らねばならない手紙もあります。

『仮名手本忠臣蔵』はいろいろな書きものの宝庫です。〈大序〉で老権力者の高師直(こうのもろのう)が、横恋慕する顔世御前に、懐から出して渡す結び文（恋文）は、あり得ない大きさ。押しが強くスケール感のあるキャラにふさわしい造形で、中に芯を入れて形を整えてあります。

〈七段目〉で足軽の寺岡平右衛門が、仇討ちメンバーに加わるため大星由良之助に渡そうとする願書。枕元にそっと置きますが、狸寝入り中の由良之助が扇ではたき落とします。うまく落ちるためには、願書が形良く立つよう作成せねばならず、演者で置き方も違うため苦労するそうです。

同じく〈七段目〉で、由良之助が縁側で読む仇討ちの密書は最長クラス。垂れて来た密書を、縁の下のスパイ・斧九大夫が盗み読みますが、形良く垂らすため紙の端に重りの棒が入っています。途中でちぎれる演出なので、毎日長文を書いて作るのも大変です。

**ここにも注目**

書きものは手紙や公文書など、その性質によって何種類かの和紙を使い分けて作ります。特に〈七段目〉を担当することになった狂言方は、ひと月間忙殺されるといいます。

密書の他にも、お軽が両親にあてる巻紙の手紙も登場します。遊女の手紙なので天紅を使う役者と、両親あてなので使わないという考えの役者もいます。

| | |
|---|---|
| 担当者の多忙度 | ３ |
| 小道具の消耗度 | ３ |
| 秘密度 | ３ |

【あとがき】

# 「何となく」はひとつもない

歌舞伎の世界には、上演の最後に「切口上」という独特の挨拶がつくことがあります。つい先ほどまで斬り合うなどしていた人物たちが突然動きを止め、素の役者に戻って正座して観客に向き直り「まず本日はこれ切り」と挨拶するというものです。それが転じて、とりつく島のないような素っ気ない挨拶を「切口上」と呼ぶようになりました。

夢の世界から醒めると同時に、独特の余韻も残るユニークな挨拶ですが、本書で切口上というわけにもいかないので、あとがきということにいたします。

たとえば「助六」という歌舞伎十八番の演目があります。江戸一番のイケメン・助六が、吉原遊廓で喧嘩三昧するという、勢いあふれる祝祭劇です。私はイラストレーターなので、歌舞伎の色形に目がいくのですが、この助六の短い足袋は卵色です。ちなみに着物は黒の紋付に鮮やかな赤の下着、紫の鉢巻きをしめ、白塗りの顔に赤い隈取りという出で立ちです。

実はこの助六を描くとき、卵色の足袋がないと、どうにも絵として締まらないのです。他の歌舞伎のキャラクターを描いている時も同様で、一部の色形が抜けただけで、パッとしなくなります。

最初の口上で、大道具小道具、音楽衣裳にいたるまで、すべてがその人物や演目にふさわしいものがチョイスされていると申し上げました。その「正解」にいきつくまで、昔からどんなにか、さまざまな試行錯誤が繰り返されたことでしょう。助六の足袋の色も「黒だ」「いや白だ」「いっそ素足だろう」などと、大勢の人たちが長い長い議論の果てに「やっぱり卵色しかない！」と決定したのかなあと、よく想像します。

そういう意味でも、歌舞伎には「何となく」は、ひとつもありません。大道具小道具、衣裳や台詞の一節も、より美しく、よりふさわしいものを注意深く選び抜き、時間をかけて工夫し、そしてそれを「洗練」と呼ぶのだろうと……。現在私たちが目にする歌舞伎の舞台の背後には、それを作るのに関わった人々の長い長い行列があるのです。

小さな部分ひとつにも、いつも新たな発見があるのが歌舞伎です。生の舞台を観に出かけると、あなただけの発見も、きっと見つかることでしょう。四十年以上歌舞伎を見続けてきた私も、そうなのですから。

辻和子

# 参考文献一覧


「名作歌舞伎全集」
利倉幸一　河竹登志夫　郡司正勝　山本二郎　戸板康二監修
東京創元新社

「歌舞伎―歌舞伎の魅力大事典」昭和六十一年　新装改題普及版
講談社

「歌舞伎名作舞踊」平成九年　新装改訂版
演劇出版社

「舞踊名作事典」
演劇出版社

「歌舞伎名作事典」
演劇出版社

「歌舞伎大道具師」
釘町久磨次著
青土社

「写真　歌舞伎歳時記」
戸板康二　吉田千秋著
講談社

「名ごりの夢　蘭医桂川家に生まれて」
今泉みね著　金子光晴解説
平凡社

「歌舞伎モノがたり」
織田紘二著　青木信二写真
淡交社

「歌舞伎入門シリーズ4　道具・衣裳百科」
演劇出版社

「大いなる小屋　近世都市の祝祭空間」
服部幸雄著
平凡社

「江戸歌舞伎」
服部幸雄著
岩波書店

「図説　江戸歌舞伎事典1　芝居の世界」
飯田泰子著
芙蓉書房出版

「考証江戸歌舞伎」
小池章太郎著
三樹書房

「歌舞伎のデザイン図典」
岩田アキラ著　中村雀右衛門監修
東方出版

「十七代市村羽左衛門聞書―歌舞伎の小道具と演技」
市村羽左衛門著　佐貫百合人編集
日本放送出版協会

「歌舞伎のかわいい衣裳図鑑」
君野倫子著　市川染五郎監修
小学館

辻 和子（つじ・かずこ）

兵庫県西宮市生まれ。嵯峨美術短期大学ビジュアルデザイン科卒業。以降イラストレーターとして広告・出版物・カレンダーなどを中心に活躍中。

子供の頃より歌舞伎好きの親の影響で劇場に通う。

東京新聞「幕の内外」「新かぶき彩時記」、フリーペーパー MEG「世渡り歌舞伎講座」、松竹「歌舞伎美人」メールマガジンなどで歌舞伎イラストエッセイを連載。食と映画の新聞イラストエッセイ「味なシネマ紀行」など。著書に『歌舞伎にすと入門』東京新聞、『歌舞伎の解剖図鑑』エクスナレッジ社、『一番わかりやすい歌舞伎イラスト読本』『恋する KABUKI』実業之日本社、『ヒマラヤ旅の玉手箱』双葉社など。

ほぼ日の学校「Hayano 歌舞伎ゼミ」など講演多数。


スミからスミまで！

絵で知る歌舞伎の玉手箱

2019 年 10 月 29 日　第 1 刷発行

著　者　辻 和子
発行者　安藤篤人
発行所　東京新聞
〒100-8505　東京都千代田区内幸町 2-1-4
中日新聞東京本社
電話　［編集］03-6910-2521
［営業］03-6910-2527
ＦＡＸ　03-3595-4831

装丁・本文デザイン　中村 健（MO' BETTER DESIGN）
印刷・製本　株式会社シナノ パブリッシング プレス


ISBN978-4-8083-1037-0　C0074